Jörg Meyrer

ZUSAMMENHALTEN

Als Seelsorger im Ahrtal

Jörg Meyrer, 1962 in Völklingen geboren, studierte Philosophie und Theologie in Trier und Freiburg. 1988 erhielt er die Priesterweihe. Nach einigen Jahren als Kaplan und Vikar wurde Meyrer Pfarrer dreier Gemeinden im nördlichen Rheinland-Pfalz. 2002 übernahm er die Pfarrstelle der Katholischen Pfarrgemeinden in Ahrweiler und in Ramsbach, die 2011 Teil der Pfarreiengemeinschaft Bad Neuenahr-Ahrweiler wurden. Im Februar 2022 war er Mitglied der Bundesversammlung.

Jörg Meyrer

ZUSAMMEN HALTEN

Als Seelsorger im Ahrtal

BONIFATIUS

Bibliografische Information der Deutschen Nationalbibliothek:
Die Deutsche Nationalbibliothek verzeichnet diese Publikation in der Deutschen Nationalbibliografie; detaillierte bibliografische Daten sind im Internet über http://dnb.d-nb.de abrufbar.

Klimaneutrale Produktion.
Gedruckt auf umweltfreundlichem, chlorfrei gebleichtem Papier.

2. Auflage

Aus Gründen der besseren Lesbarkeit wird in diesem Buch teilweise bei Personenbezeichnungen und personenbezogenen Hauptwörtern die männliche Form verwendet. Entsprechende Begriffe gelten im Sinne der Gleichbehandlung grundsätzlich für alle Geschlechter. Die verkürzte Sprachform hat nur redaktionelle Gründe und beinhaltet keine Wertung.

Umschlaggestaltung: Weiss Werkstatt München, *werkstattmuenchen.com*
Umschlagfoto: © Michael Braunschädel
Fotos innen: © Harald Oppitz/KNA, außer: S. 34 oben und S. 108 unten: © David Klammer/KNA; S. 34 unten und S. 52 oben: © Julia Steinbrecht/KNA - Copyright 2021, KNA GmbH, www.kna.de, All Rights Reserved
Satz und Druck: Bonifatius GmbH, Paderborn
Printed in Germany
ISBN 978-3-89710-934-6

Weitere Informationen zum Verlag:
www.bonifatius-verlag.de

Dieses Buch widme ich all den wunderbaren
Helferinnen und Helfern im Ahrtal,
ob von hier aus dem Tal oder von weit her gekommen.
Ohne sie hätten wir es nicht geschafft.

Und den stillen Beterinnen und Betern.
Ohne sie hätten wir nicht die Kraft gehabt.

Besonders aber dem Team der ersten vier Wochen:
Beate, Gertrud, Johanna, Olaf, Arno und Heiko.

Inhalt

VORWORT

Als mich am frühen Morgen des 15. Juli 2021 hier in Jerusalem die erste Nachricht vom Hochwasser an der Ahr erreichte, saß ich im Ivrith (Neuhebräisch) Onlinekurs in meinem Arbeitszimmer und nahm die Nachricht nur beiläufig wahr. Ich bin in Kripp aufgewachsen, dort, wo die Ahr in den Rhein mündet. Hochwasser gehörte zum Jahresablauf. Mit welcher routinierten Gelassenheit manche Familien, die schon seit Generationen direkt am Rhein wohnten, damit umgingen, hat mich schon als Kind erstaunt und auch fasziniert. Man räumte zeitig Keller und Parterre, zog mit allem in den ersten Stock oder zu Verwandten in höher gelegene Straßen oder Orte. In manchen Häusern war vorsorglich das gesamte Erdgeschoss gekachelt. Meine eigene Familie hat es nie betroffen.

Welche Schäden ein großes, außergewöhnliches Hochwasser anrichten kann, sollte ich selbst später an der Nahe erleben. 1993, beim damalig genannten „Jahrhunderthochwasser", konnte ich mein Pfarrhaus in Bad Kreuznach nur mit dem Boot verlassen und erreichen. Also ist zu Hause mal wieder Hochwasser, dachte ich, hoffentlich ist es nicht zu schlimm, und konzentrierte mich weiter auf den Unterricht. Jedoch nicht lange.

Immer neue Nachrichten trafen ein, ich googelte in den News-Portalen und sehr schnell zeigten mir die Bilder von der Ahr, dass das Wort „Hochwasser" nicht wiedergab, was dort passierte und ich mir im Traum nicht hätte vorstellen können: eine entsetzliche, unvergleichliche Flutkatastrophe. Hebräisch-Vokabeln waren von einer Sekunde auf die andere die nebensächlichste Sache der Welt. Ich meldete mich ab und starrte fassungslos auf die Aufnahmen und Videos und konnte und wollte nicht begreifen, dass dies alles furchtbare Realität war. Nach Mails und Telefonaten mit betroffenen Verwandten und Freunden rückte das Geschehen noch näher, und als die Nachricht vom grausigen Tod eines behinderten Verwandten im Sinziger Lebenshilfehaus eintraf, war sie auf schlimmste Weise ganz nah.

Ein Erschrecken erfasste das ganze Land und jedem, selbst wenn er niemanden im Flutgebiet kannte, stockte der Atem, wenn er die Nachrichten verfolgte – mit den schier unbegreiflichen Bildern einer fürchterlichen Katastrophe. Doch keiner von uns, die wir in sicherer Entfernung das Geschehen verfolgten, konnte nur ansatzweise nachvollziehen, was die erleben mussten, die sich mittendrin befanden. Die die Nacht frierend und bangend auf den Dächern ihrer Häuser verbringen mussten, um auf den rettenden Hubschrauber zu warten, die hilflos zusehen mussten, wie ihre ganze über Jahre aufgebaute Existenz in den Wassermassen versank, denen auf furchtbare Weise die tobende Flut ihre Liebsten entriss. Am Tag danach Verwüstung, Schlamm, nicht wiederzuerkennende Heimat.

Einer, der dies alles selbst im wahrsten Sinne hautnah erfahren musste, ist der Autor dieses Buches. Jörg Meyrer, der Pfarrer der Stadt Bad Neuenahr-Ahrweiler und der stark betroffenen Pfarrei St. Laurentius, beschreibt, wie er diese Schreckenstage und die darauf folgende Zeit erlebte. Seine Schilderungen, darunter seine gesammelten tagebuchartigen Facebook-Posts, sind ein Zeitdokument. Es berichtet vom

Grauen der Flutnacht, von der ohnmächtigen Wut und der Verzweiflung der folgenden Tage, von geraubter Hoffnung und hilfloser Resignation. Es erzählt aber auch von der widerständigen Kraft, nicht aufzugeben, von bewegender Solidarität und unglaublicher Hilfsbereitschaft, von Mut und selbstlosem Engagement. Es zeichnet Bilder von Menschen, die, bis ins Mark verwundet, dem Schicksal ein bewundernswert trotziges „jetzt erst recht" entgegenschleudern, und von den stillen und unauffälligen menschlichen Engeln, die ohne großen Applaus und ohne Bühne einfach da sind, wenn sie gebraucht werden. Der Autor, dem ich als Semesterkollege seit vielen Jahren verbunden bin, lässt dabei seine eigenen Emotionen und Kämpfe nicht außen vor, sondern mutet sie seinen Lesern ungefiltert zu. Ein ehrliches Zeugnis seiner Auseinandersetzung mit Gott und seinem Glauben, der im Erleben der Katastrophe nicht verloren ging, aber zutiefst erschüttert wurde.

Das Buch von Jörg Meyrer ist kein literarisch fein ziseliertes Werk, sondern ein lebendiges, persönliches, facettenreiches Zeugnis eines Menschen, der die Katastrophe an der Ahr erlebt, erlitten hat, ihr aber auch mit seinem mitreißenden und glaubwürdigen Engagement kraftvoll begegnet ist und so mit anderen Motivator für viele wurde. Ich wünsche diesem Buch, das anschaulich von Verzweiflung und ebenso von Hoffnung erzählt, eine große Leserschaft. Für die Betroffenen an der Ahr wird es ein bleibendes Dokument ihrer eigenen Geschichte sein, und alle anderen werden es mit Respekt vor den Menschen an der Ahr lesen und ihrer zwar verwundeten, aber unverbrüchlich tiefen Liebe zu ihrem heimatlichen Ahrtal und ihrem leidenschaftlichen Willen, es neu aufzubauen. So wie es in den vom Autor zitierten, zeitlosen Worten der Dichterin Hilde Domin heißt, nämlich, dass wir „eingetaucht und mit dem Wasser der Sintflut gewaschen“ werden, wir „durchnässt bis auf die Herzhaut“ sind, aber auch „aus der Flut, ... aus der Löwengrube und dem feurigen Ofen immer versehrter und immer heiler stets von neuem zu uns selbst entlassen werden“. Trotz allem.

Stephan Wahl

EINLEITUNG

„Schreien will ich zu dir, Gott, mit verwundeter Seele,
doch meine Worte gefrieren mir auf der Zunge.
Es ist kalt in mir, wie gestorben sind alle Gefühle,
starr blicken meine Augen auf meine zerbrochene
Welt."

Stephan Wahl, Ahrpsalm

Wenn dieses Buch erscheint, liegt die Flutkatastrophe, die in der Nacht vom 14. auf den 15. Juli 2021 viele Regionen im Westen unseres Landes heimgesucht hat, ein Jahr zurück. Dieses Buch trägt Erlebnisse und Erfahrungen der ersten Monate aus einem der am stärksten betroffenen Täler zusammen. Es ist ein sehr persönliches Buch.

Eigentlich wollte ich nie ein Buch schreiben. Und in den Wochen und Monaten nach der Flut schon gar nicht. Woher auch dafür noch die Zeit nehmen? Jedoch gaben zwei Dinge den Ausschlag dafür, dass dieses Buch dennoch entstand: Zum einen habe ich bei den Probekapiteln gemerkt, wie das Wiederholen, Formulieren und Niederschreiben mir selbst beim Verarbeiten der vielen Erfahrungen und Bilder hilft. Und zum anderen hoffe ich, dass mit diesem Buch die Menschen an der Ahr nicht vergessen werden. Die Aufbauarbeiten werden noch Jahre brauchen. Und damit viel Kraft. Und das, was wir im Ahrtal *SolidAHRität* und *Zusammenhalten* nennen.

Ich habe dieses Buch an freien Tagen geschrieben, meist außerhalb des Ahrtals. Beim Wandern an der Mosel war der Laptop genauso dabei wie beim Pilgern auf dem Camino in Spanien. Und ich habe an den Texten gesessen nach Weihnachten, in meiner „Rauszeit" im Schwarzwald sowie auf der Zugfahrt nach Berlin zur Bundesversammlung.

Der „Ahrpsalm" von Stephan Wahl und das Hilde Domin-Gedicht „Bitte" haben mir geholfen, Schwerpunkte, ja Ankerpunkte in der Vielzahl meiner Gedanken zu finden. Ausgewählte Verse habe ich den Erlebnissen und Facebook-Einträgen vorangestellt.

Ich wünsche dir, liebe Leserin, lieber Leser, dass du mitgehen kannst auf den Wegen, die ich dir vorausgehe durch das Ahrtal nach der Flut. Es werden nicht immer einfache Wege sein. Ich hoffe, dass ich dich mitnehmen kann zu den Menschen, die hier leben, und von denen so viele so viel oder alles verloren haben. Und zu den Menschen, die uns helfen beim Aufräumen und damit beim Aufstehen. Und dass ich dich mitnehmen kann in eine Zeit, die ich mein Leben lang nicht vergessen werde.

Das Buch soll mit meinem Tag vor der Flut beginnen.

Ahrpsalm

Schreien will ich zu dir, Gott, mit verwundeter Seele,
doch meine Worte gefrieren mir auf der Zunge.

Es ist kalt in mir, wie gestorben sind alle Gefühle,
starr blicken meine Augen auf meine zerbrochene
Welt.

Der Bach, den ich von Kind an liebte,
sein plätscherndes Rauschen war wie Musik,

zum todbringenden Ungeheuer wurde er,
seine gefräßigen Fluten verschlangen ohne Erbarmen.

Alles wurde mir genommen. Alles!
Weggespült das, was ich mein Leben nannte.

Mir blieb nur das Hemd nasskalt am Körper,
ohne Schuhe kauerte ich auf dem Dach.

Stundenlang schrie ich um Hilfe,
um mich herum die reißenden Wasser.

Wo warst du Gott, Ewiger,
hast du uns endgültig verlassen?

Baust du längst an einer neuen Erde,
irgendwo fern in deinen unendlichen Weiten?

Mit tödlichem Tempo füllten schlammige Wasser die Häuser,
grausig ertranken Menschen in ihren eigenen Zimmern.

Ist dir das alles völlig egal, Unbegreiflicher?
Du bist doch allmächtig, dein Fingerschnippen hätte genügt.

Die Eifernden, die dich zu kennen glauben, sagen,
eine Lektion hättest du uns erteilen wollen, eine deutliche,

eine Portion Sintflut als Strafe für unsere Vergehen,
für unsere Verbrechen an der Natur, an deiner Schöpfung.

Ihre geschwätzigen Mäuler mögen für immer verschlossen sein,
nie wieder sollen sie deinen Namen missbrauchen,

für ihre törichten Besserwissereien, ihr bissiges Urteil
mit erhobenem Zeigefinger, bigott kaschiert.

Niemals will ich das glauben, niemals,
du bist kein grausamer Götze des Elends,

du sendest kein Leid, kein gnadenloses Unheil
und hast kein Gefallen an unseren Schmerzen.

Doch du machst es mir schwer,
das wirklich zu glauben.

Ich weiß, wir sind nicht schuldlos an manchem Elend,
zu leichtfertig missbrauchen wir oft unsere Freiheit.

Doch warum siehst du dann zu, fährst nicht dazwischen,
bewahrst uns nicht vor uns selbst?

Dein Schweigen quält meine Seele,
ich halte es fast nicht mehr aus.

Wie sich Schlamm und Schutt meterhoch türmen,
in den zerstörten Straßen und Gassen

und deren Schönheit sich nicht mehr erkennen lässt,
so sehr vermisst meine Seele dein Licht.

Meine gewohnten Gebete verstummen,
meine Hände zu falten gelingt mir nicht.

So werfe ich meine Tränen in den Himmel,
meine Wut schleudere ich dir vor die Füße.

Hörst du mein Klagen, mein verzweifeltes Stammeln,
ist das auch ein Beten in deinen Augen?

Dann bin ich so fromm wie nie,
mein Herz quillt über von solchen Gebeten.

Doch lass mich nicht versinken in meinen dunklen Gedanken,
erinnere mich an deine Nähe in früheren Zeiten.

Ich will dankbar sein für die Hilfe, die mir zuteilwird,
für die tröstende Schulter, an die ich mich anlehne.

Ich schaue auf und sehe helfende Hände,
die jetzt da sind, ohne Applaus, einfach so.

Die vielen, die jetzt kommen und bleiben,
die Schmerzen lindern, Wunden heilen,

die des Leibes, wie die der Seele,
mit langem Atem und sehr viel Geduld.

Auch wenn du mir rätselhaft bist, Gott,
noch unbegreiflicher jetzt, unendlich fern,

so will ich dennoch glauben an dich,
widerständig, trotzig, egal, was dagegen spricht.

Sollen die Spötter mich zynisch belächeln,
ich will hoffen auf deine Nähe an meiner Seite.

Würdest du doch nur endlich dein Schweigen beenden,
doch ich halte es aus und halte dich aus, oh Gott.

Halte du mich aus!
Und halte mich, Ewiger! Halte mich!

Stephan Wahl,
Ahrpsalm,
19. Juli 2021

Der Bach, den ich von Kind an liebte,
sein plätscherndes Rauschen war wie Musik,

zum todbringenden Ungeheuer wurde er,
seine gefräßigen Fluten verschlangen ohne Erbarmen.

Stephan Wahl,
Ahrpsalm

Nach der Flutkatastrophe: Berge von Schrott, Schutt und zerstörten Autos sind durch den Torbogen eines Stadttores von Ahrweiler zu sehen.

Die Flut kommt

14. Juli 2021: Wir verbrachten mit den Seelsorgerinnen und Seelsorgern einen Studientag im Pfarrheim in Bad Neuenahr. Wegen der Coronapandemie wurde er schon zweimal verschoben, weil wir ihn unbedingt in Präsenz durchführen wollten. Das Thema des Tages war: diakonische Kirchenentwicklung. Oder anders gesagt: Wie kann die Kirche ihren Platz bei den Menschen finden?

Wir trafen uns endlich mal wieder nicht in einer Videokonferenz und fragten uns, wie die Kirche näher bei den Menschen sein kann.

Vor ein paar Wochen hatte es beispielsweise ein Starkregenereignis im Ortsteil Heimersheim gegeben. Wassermassen hatten dort von den Feldern und vor allem über die Feldwege so viel Erde und Schlamm in den Ortskern gespült, dass Straßen unpassierbar waren, Keller vollliefen und die Feuerwehren der Stadt tagelang pumpen mussten. Die Videos zeigten die Straßen als unpassierbare Bäche. Doch: Wo waren wir als Kirche und Seelsorgerinnen und Seelsorger? Warum hatte uns niemand gerufen? Warum waren wir nicht dort gewesen? Und was hätten wir tun können?

Ein wichtiger Teil des Studientages fiel dann an diesem Tag aus: Eigentlich hatten wir vorgehabt, auf die Straßen zu gehen, dorthin, wo die Menschen sind – auf die Spielplätze und vor die Cafés, zu den Spaziergängern an der Ahr und in den Parks –, und mit ihnen ins Gespräch zu kommen und zu hören, was sie bewegt. Das fiel aus, weil es dafür einfach zu stark regnete.

Am späten Nachmittag nahmen wir dann bei Freunden noch unser Sonntagswort auf. Ein Format, das wir seit dem ersten Coronalockdown jeden Sonntag als Videoclip drehen, um Kontakt zu halten und Impulse weiterzugeben an alle, die nicht den Gottesdienst besuchen können.[1]

„Kommt, ruht euch ein wenig aus!" – Diese Einladung Jesu war der thematische Ausgangspunkt. Wir standen für den Dreh unter dem Vordach der Veranda mit Blick in den schönen Garten – weil es so stark regnete. In der Straße vor dem Haus war ein Loch entstanden. Sie war unterspült, vom vielen Wasser der letzten Tage …

Wieder zu Hause angekommen, es regnete mittlerweile nicht mehr, hörte ich dann vom Marktplatz her die Durchsage aus dem Lautsprecher eines Feuerwehrautos: „… die Autos in Sicherheit bringen …", „… die Häuser nicht verlassen …"

Mir kam der Gedanke, mich im Feuerwehrhaus nützlich zu machen, denn aufgrund des vielen Regens evakuierten die Kameraden das Gerätehaus, um auch in den kommenden Stunden einsatzbereit zu bleiben. Das Gerätehaus liegt unmittelbar an der Ahr. Es ging darum, alles Bewegliche festzumachen, die Kleidung mit in die Fahrzeuge zu nehmen und vor die großen Tore Sandsäcke zum Abdichten zu stapeln. Und vor allem, die Fahrzeuge in die Zentrale nach Neuenahr zu bringen und einen Teil von ihnen auf die andere Ahrseite.

Die Prognose des Pegels war am Computer zu sehen: 7,00 Meter Flut waren vorhergesagt, irgendwann in der Nacht, eine

1 Das Sonntagswort wird auf dem YouTube-Kanal „Katholische Kirche Bad Neuenahr-Ahrweiler" veröffentlicht und hat im Durchschnitt ca. 600–800 Aufrufe im Monat. In den Wochen nach der Flut ging das 100. Sonntagswort online.

ziemlich steile Kurve zeigte da nach oben. Es würde schlimm werden! Schlimmer als vor sechs Jahren, da waren es 3,50 Meter Hochwasser gewesen. Normalerweise hat die Ahr ungefähr 60 Zentimeter; im Sommer kann man an vielen Stellen zu Fuß durchgehen.

Es wird schlimm werden … Der Gedanke lässt mich nicht los. Das Wasser steigt weiter. Überall finden entsprechende Maßnahmen statt: Die Brücke vor dem Feuerwehrhaus wird von der Polizei gesperrt, und auf dem Heimweg in die Innenstadt bemerke ich, dass einige Geschäftsbesitzer dabei sind, die Schaufenster zu sichern … Ob es so schlimm wird?

Auf dem Marktplatz ist eine Pfütze, eigentlich schon ein kleiner See. Das Wasser läuft hier nicht mehr ab. Ob es nicht doch gut wäre, die Kirche zu sichern? Was wäre das für eine Arbeit, wenn dort Wasser reinkäme! Ich telefoniere … und finde ein paar Freunde: Klaus-Dieter, Paul, Lukas, und wir machen uns, vielleicht etwas widerwillig („Was will der Pastor denn?“), mit zwei Autos auf zum Bauhof, um Sandsäcke zu holen. Die Autoschlange dort ist lang. Es gebe nur noch leere Säcke, sagt man uns, die wir gern auf den Spielplätzen füllen könnten. Okay, das machen wir dann auch.

Zusammen mit Anwohnern füllen wir dort aus dem Sandkasten etliche Säcke („Dann kriegen die Kinder eben neuen Sand.“) und laden die Kofferräume der beiden Autos voll.

An den vier Türen der Kirche sind die zwei Reihen Sandsäcke schnell verteilt. „Den Rest machen wir dann morgen, falls noch mehr gebraucht wird.“ Gemeinsam gehen wir zum Schluss, gegen 22:30 Uhr, noch ein Bier trinken. Die junge Frau, die uns bedient, will zügig heim. Sie fürchtet, nicht mehr über die Brücken auf die andere Seite der Ahr zu kommen. Um 22:45 Uhr verlassen wir die Wirtschaft, es sollte das letzte „Normale“ gewesen sein.

Doch da ans Schlafen nicht zu denken ist, gehe ich noch mal zum Feuerwehrhaus. Friedhelm ist als Wache dageblieben, die anderen sind mit den Autos in der Stadt verteilt und in der Zentrale in Bad Neuenahr. Die Ahr hat jetzt die Brückenbögen erreicht, die Brücke ist gesperrt, aber das kümmert längst nicht alle. Immer noch fahren Autos von der einen auf die andere Seite: Wie sonst sollen sie denn auch rüberkommen?

Alex kommt jetzt noch dazu, zieht sich schnell um. Wir räumen seine Kleidung in die Spinde und anschließend noch zwei Reihen Sandsäcke vor das letzte Tor.

Ums Haus rum, an der Ahr, ist es laut: Bäume ächzen und knarzen, das Wasser tobt, und dann: „Jetzt geht die Ahr drüber!", das weiß ich noch genau.[2]

Anschließend erhalte ich einen Anruf von der Stadtverwaltung. Die Bevölkerung soll evakuiert werden, ob wir die Kirchen öffnen können? – Natürlich! Also zurück auf den Markt. Während ich noch telefoniere, steht das Wasser schon kniehoch auf der Straße. Und als ich ans Ahrtor komme, steht es schon richtig hoch. Ich muss ja aber da durch, wie sonst komme ich wieder heim? Hüfthoch komme ich gerade noch so durch … Erst Tage später wir mir bewusst, dass ich auch hätte in den Fluten ausrutschen können.

Hinter dem Ahrtor ist es seltsamerweise wieder trocken. Später erzählen mir Bekannte, wie ich sie auf dem Weg noch ermahnt habe, nach Hause zu gehen. Ich hatte diesen Moment genauso vergessen wie meine Ansage an den Autofahrer, er solle sein Fahrzeug nicht auf dem Marktplatz stehenlassen – das könnte als Schutz nicht reichen. Das hat ihn gerettet …

2 Was die beiden dann in der Nacht erlebt haben, wie sie sich nur knapp auf die benachbarte Friedhofsmauer retten konnten, die dann auch einstürzte, wie der eine sich mühsam auf einen Baum retten konnte und der andere sich die Nacht an einem Grabkreuz festhielt – das wurde in einer großen deutschen Sonntagszeitung erzählt.

Der See auf dem Marktplatz ist mittlerweile größer. In der Kirche geht das Licht an – und mit einem lauten Knall gleich darauf wieder aus, es ist stockfinster … Jetzt aber heim!

Draußen wird es noch lauter … Das Pfarrhaus versuche ich ein wenig abzudichten, mit hochgestellten Fußmatten vor der Tür, verstärkt mit dünnen Plastikfolien und Kopfsteinpflastersteinen, die im Vorgarten lagen.

Ich bin nicht allein, mein syrischer Mitbewohner Hamid ist da. Er ist fast genauso ratlos und sprachlos wie ich. Wir versuchen unser Bestes. Das Wasser ist hörbar. Es kommt … nach innen. Und wir versuchen, die Türen zu den Büros mit Paketklebeband abzudichten, damit es wenigstens dort nicht reinläuft.

Durch die Haustür kommt es … Tücher dahinter … Das nützt nur wenig … Ich kann nur an die Fenster im ersten Stock … Laut ist es, die Mülltonnen schlagen überall an, es rauscht unglaublich an der Mauer vorne vorbei … Ich sehe nichts, es ist stockfinster. Die Mini-Taschenlampe reicht nicht, um irgendwas zu erkennen. Gespenstisch …

Unten läuft das braune Wasser vorne rein und hinten wieder raus. Wir laufen die Treppe rauf und wieder runter – wie oft? … Dann zu den Nachbarn hinten, die Straße liegt höher … Dort ist es noch trocken. Alle stehen auf der Straße, aber weit kommt man nicht … Aus einem Haus läuft ein Bach aus der Haustür: Woher kommt das Wasser? Es drückt sich durch die Stadtmauer und durchs Haus … Wahnsinn! Mein Auto! Nein, nicht auch noch mein Auto! Ich fahre es weg in die Weinberge (diese Aktion wäre am Ende nicht nötig gewesen).

Im Garten hinter dem Haus wird der See immer größer, das Wasser sickert durch die Mauer des Nachbarn auf unser Grundstück: Wie hoch mag es dort stehen? Ich bin völlig ratlos! Ich habe noch nie Hochwasser erlebt in meinem ganzen Leben … völlig ratlos …

Ein Blick in den Keller: Randvoll, von der Kellertreppe sind nur noch zwei Stufen zu sehen. Und hinten sind es nur noch fünf Zentimeter, dann käme es auch von dort rein …

Irgendwann steigt es nicht mehr ...

Irgendwann geht es dann auch zurück … langsam …

Ich lege mich aufs Bett und warte …

Bis es hell wird.

Überleben – eine Nacht lang

Was in dieser Nacht passiert ist? – Ich konnte es mir an diesem Morgen nicht vorstellen. Und ich dachte auch während der Flut kaum daran. Erst viel später, im Erzählen und Zuhören, habe ich gemerkt, dass es vielen so ähnlich ging wie mir: Ich habe an mein näheres Umfeld gedacht, an das, was ich gesehen und was ich gehört habe. Ich habe aber kaum an das ganze Ausmaß gedacht, das diese Flut angerichtet hat. Erst in den Tagen danach ist mir bewusst geworden, was die Flut alles zerstört hat.

In der Nacht selbst war das alles unvorstellbar …, dass Menschen in diesen Stunden mit dem Tod kämpfen, auf den Dächern ihrer Häuser sitzen und darauf hoffen, dass das Wasser nicht noch höher steigt und dass ihr Haus standhält. Andere wurden von den Fluten mitgerissen beim Versuch, zu ihrer Familie zu kommen oder das Auto zu retten. Manche retteten sich in Bäume und hielten sich an ihnen fest, eine Nachbarin hatte sich die ganze Nacht an einer Säule festgeklammert. Selbst das Gerüst an der Kapelle hatte Halt gegeben, wo alles haltlos wurde. Und dass es Menschen gab, die die Kraft nicht hatten, sich die Nacht über an dem Geländer ihrer Terrasse festzuhalten, und die dann loslassen mussten, konnte ich mir in der Nacht nicht ausmalen. Und es ist immer noch unvorstellbar, was diese Menschen mitgemacht haben vor ihrem Tod – und was die Nachbarn mitgelitten haben, weil es unmöglich war zu helfen ... Selbst von der Verwüstung der Auen an der Ahr, wo kein Baum mehr stehen wird, und vom Friedhof, der komplett überflutet wurde und auf dem die Ahr Tonnen von Treibgut, Holz, Schlamm und sogar Autos abgeladen hat, konnte ich mir keine Vorstellung machen. – An all das und die vielen Einzelschicksale war in der Flutnacht nicht zu denken. Es wurde erst in den kommenden Tagen Stück für Stück bittere Realität.

Auch nach Monaten sitzt der Schock immer noch tief. Und ich kann die gut verstehen, die sich nur ganz langsam in die anderen Regionen der Stadt und des Tales vorwagen, weil die Zerstörung einfach zu viel und zu schwer zu verstehen ist – und kaum zu verarbeiten für die Seele. Diesen Bildern – oder vielmehr diesen Wirklichkeiten – nähert man sich besser schrittweise. Und es ist klug, sich selbst nicht zu viel auf einmal zuzumuten. Es ist immer noch schmerzlich zu sehen, welche Vernichtung das Wasser der Ahr in dieser Nacht mit sich brachte.

Der Tag danach

Jetzt wird es hell. In der Nacht selbst habe ich wenig darüber nachgedacht, was es bedeutet, dass wir – circa 600 Meter von der Ahr entfernt – Wasser im Haus haben. Einen klaren Gedanken zu fassen, war einfach schwierig. Mein Blick fällt in die Büros. Da steht es auch, gut zehn Zentimeter. Und draußen vor dem Haus: Schlamm, überall Schlamm. Im Garten: acht Mülltonnen und ein riesiger Blumenkübel, der da nicht hingehört. In alten Turnschuhen taste ich mich durch den klitschigen Matsch. Der Marktplatz ist nicht wiederzuerkennen – alles liegt dort drunter und drüber. Tische und Stühle der Außengastronomie erkenne ich … Und dann: ein Auto auf dem Dach liegend. Ist das wirklich ein Auto? Und noch eins, in Seitenlage, gleich daneben. Bilder, die ich nicht glauben kann …

Die Feuerwehr ist da. Mit einem Boot ist sie auf dem Marktplatz unterwegs, denn immer noch fließt dort ein reißender Bach die Niederhut hinunter. Die Feuerwehrleute versuchen, von unserer auf die andere Seite zu kommen, was nur schwer gelingt. Erst später erfahre ich, dass sie nicht eine ältere Dame retten wollten, sondern Marianna, eine Nachbarin, die die ganze Nacht an einem Laternenpfahl hing, an dem sie sich im letzten Augenblick festhalten konnte, nachdem sie aus dem Haus gespült wurde. Tage später nach einer kräftigen Umarmung und unter Tränen erzählt sie, dass sie mich gesehen hat und dann wusste, dass sie gerettet ist. Die ganze Nacht hatte ihr die ältere Dame gut zugeredet, ihr Mut gemacht, dass sie aushalten solle. Andere Hilfe war nicht möglich.

Ich kämpfe mich durch die schon „trockenen" Straßen, vorbei an übereinandergetürmten Autos durch unglaublich viel Geröll und Bäume, durch wadenhohen Matsch. Die ersten schippen bereits den Matsch aus ihren Häusern vor die Tür. Bernd und seine Frau Trudi sind auch schon dran. „Es stand bis fast an die Decke im Erdgeschoss", lassen sie mich wissen. Wir umarmen uns. Ich will weiter Richtung Obertor …

Aus dem Peter-Friedhofen-Haus läuft das Wasser aus der zerstörten Haustür. Ich mache immer wieder Fotos, weil ich es nicht glauben kann. Am Obertor kenne ich mich nicht mehr aus: Ein Auto steht hochkant am Tor, ein anderes versperrt den Seitendurchgang, die Mauern der Klinik sind nicht mehr da … Immer noch stürzt das Wasser hier durch – breiter und höher als die „Normal"-Ahr, die doch eigentlich 200 Meter weiter weg ihr Flussbett hat. Ich kann es einfach nicht glauben … Tränen rollen, nicht nur bei mir, auch bei denen, die auf der Straße stehen.

Auf dem Weg zurück wage ich doch einen Blick in die Kirche: Die Sakristei geflutet, in der Kirche das gleiche Bild wie draußen, alles voller Schlamm. Hüfthoch war das Wasser hier drin, die Bänke liegen quer, alles ist durcheinander. Ich kann es einfach nicht glauben …

Zwei Reihen Sandsäcke liegen vor den Türen.

Damals

„Der Bach, den ich von Kind an liebte,
sein plätscherndes Rauschen war wie Musik ..."

Ich bin zwar nicht an der Ahr aufgewachsen, aber ich lebe seit fast 20 Jahren in diesem Tal. Jedes Jahr wird es von Tausenden Touristen und Wanderern besucht, weil es einfach so abwechslungsreich, so schön und unverwechselbar ist.

Ich kenne den Lauf der Ahr, eigentlich fast jeden Baum. Ich bin viel gelaufen, rechts und links des Flusses, auf den Rad- und Wanderwegen. Ich habe dort 2018 für einen Halbmarathon in Tansania trainiert. Und im Jahr danach für einen Sponsoring-Marathon in Kenia. Damals habe ich gemerkt, wie sehr das Laufen den Kopf befreit, wie viel ich in dieser Zeit „ver-arbeite" und dass die Lauf-Zeit in keiner Weise meine Zeit für die Gemeindemitglieder oder meine Arbeit in der Pastoral schmälert. Im Gegenteil: Ich bin nach einer Laufeinheit viel wacher bei den Leuten und habe – sauerstoffgetränkt – viel mehr kreative Ideen. Ich kenne also die Ahr, flussabwärts die 15 km über Heimersheim, Ehlingen, Bad Bodendorf und Sinzig bis zur Mündung in Kripp. Und die 15 km flussaufwärts über Walporzheim, Dernau, Rech, Mayschoß bis nach Altenahr. Jeder dieser Wege ist mir vertraut. Ich weiß, wann auf der Laufuhr die Kilometer umspringen, ich kenne die Abschnitte durch den Wald und weiß, wo es bergauf geht. Wo ich im Sommer wegen der Hitze nicht laufe, wo die vielen Touristen am Wochenende das

Joggen zum Slalomlauf werden lassen und wo es einfach nur schön ist, immer weiter und weiter zu laufen.

All das ist weg!

Nach der Flut gibt es keine Ahruferwege mehr. Sie sind weggespült, die Bäume nicht mehr da, irgendwo als Baumleichen angespült. Es fehlen allein im Stadtgebiet 2.600 Bäume, an der ganzen Ahr sind es über 8.000.

Wo ich so gerne gejoggt bin, wo die Nachbarn ihre Hunde ausgeführt haben, die Jugendlichen an der Ahr ihre Wochenend-Party zwischen den Bäumen gefeiert haben, da ist jetzt nichts mehr: kein Grün, nur noch Abraum, kahle Flächen, zwischendurch mal ein paar Schlammhügel und Steinhaufen von irgendwoher. Einzelne Bäume haben überlebt – wie auch immer. Das Erschütterndste aber ist: Ich kenne die Ahr nicht wieder. Nirgendwo. Das so vertraute und geliebte Ufer ist nicht wiederzuerkennen. Nicht nur die Bäume und Wege fehlen, auch die Flussbiegungen sind anders. Brücken sind nicht mehr da und die Wege zur Ahr hin enden meist abrupt. Sie sind abgerissen und oft ein meterhoher Abgrund über dem Wasserspiegel.

Die Ahr ist mir fremd geworden. Sehr fremd. Ich kenne sie nicht wieder.

Sie hat Zerstörung, Leid und Tod gebracht – dieses liebliche Bächlein, in das im Sommer die Junggesellen Tische stellen, um Karten zu spielen, in dem Kinder planschen und Hunde sich abkühlen, an dem die Enten und mancher Eisvogel die Brut großziehen. Wie viele Lieder besingen ihr Rauschen …

Ich kenne die Ahr nicht mehr.

Nicht weil sie Tod brachte, sondern weil sie so verändert ist. Ich mache ihr keinen Vorwurf. Sie ist genauso verletzt, wie sie verletzt hat. Ihre Ufer, ob Steilhang, felsig oder sandig, die Auen, ob wildbelassen oder unweit mit Reben bestanden, ob bebaut und gesäumt von schmucken Häusern und guten Wanderwegen oder so steil, dass die Wege hoch nach oben ausweichen müssen; ihre Ufer – sie sind nicht mehr. Und das was ist, sieht eher nach Mondlandschaft als nach Flusslauf aus.

Erst langsam, im Spätsommer, wird es wieder entlang des Wassers erste Trampelpfade geben. Und ein kleines Wunder: Es blühen überall im Überflutungsgebiet Sonnenblumen. Die gab es dort vorher nicht. Sie sind einfach da, mal einzeln, mal in ganzen Gruppen. Und sie strecken mitten im Geröll ihre großen, sonnengelben Blütenköpfe immer der Sonne entgegen. Wo der Samen herkam, weiß keiner. Aber sie sind da – und blühen. Und erzählen uns an der Ahr von einer Zeit, die wir noch nicht ahnen können.

Das Erschütterndste aber ist:
Ich kenne die Ahr nicht wieder.
Nirgendwo.

Eine riesige Wasserlache vor zerstörten Gebäuden und Straßen in Mayschoß an der Ahr.

Angeschwemmter Hausrat in einem zerstörten Gebäude nach dem Hochwasser in Bad Neuenahr.

Alles wurde mir genommen. Alles!
Weggespült das, was ich mein Leben nannte.

Mir blieb nur das Hemd nasskalt am Körper,
ohne Schuhe kauerte ich auf dem Dach.

Stundenlang schrie ich um Hilfe,
um mich herum die reißenden Wasser.

Stephan Wahl,
Ahrpsalm

Bei den Geretteten

Wann ich mich bei unserem Kooperator Heiko Marquardsen am Morgen des 15. Julis gemeldet habe, weiß ich nicht mehr. Und ob ich an diesem Morgen zum ersten Mal bei Freunden im (höhergelegenen) Lantershofen zum Frühstücken war oder erst einen Tag später, das weiß ich auch nicht mehr. Ich weiß nur, ich habe noch grob den Schlamm vom Parkett im Erdgeschoss geschoben, so gut ich das mit Schrubber und Besen konnte. Vielleicht wäre der ja zu retten, dachte ich.

Heiko hatte wie ich kein Wasser in der eigenen Wohnung. Ob er mit mir zur Feuerwehr komme, frage ich ihn. Ich weiß, dass man sich bei Großeinsätzen bei der Einsatzleitung meldet, damit die einen einsetzen können.

Nach Neuenahr kommen wir durch, an der Feuerwehr herrscht viel Betrieb: mit Stadtplänen auf Flipcharts und vielen, die telefonieren. Ein erstaunlich gut improvisiertes Lagezentrum! Man schickt uns nach nebenan zum Roten Kreuz. „Dort kommen die an, die wir gerettet haben, und werden erstversorgt." Auch hier: Wir melden uns beim Einsatzleiter. (Die Melde-Karte für Einsatzkräfte, die er dann mit meinem Namen ausstellt, besitze ich noch heute.) Viele Kameraden und Kameradinnen kenne ich schon lange …

Das DRK-Haus ist mir bestens vertraut. Es ist neu, vor wenigen Jahren erst habe ich es eingesegnet und vor ein paar Wochen haben wir darin unsere „MESSE ANDERS“ gefeiert, mit dem Motto *#immerda.* – Zwei Menschen haben da von plötzlichen Veränderungen und vom Helfen erzählt, wenn man in ungewisse Situationen gerufen wird.

Den ersten „Geretteten“, den ich sehe, kenne ich. Es ist Dietfried L., unser Küster. Ich hatte in der Nacht noch mit ihm telefoniert, schließlich wollten wir ja die Kirchen öffnen ... Jetzt saß er da, auf einer Bank, und hatte nur noch seine Hose an. Um seine nackten Schultern eine goldene Rettungsdecke gewickelt. Er erkannte mich zunächst nicht, da ich eine FFP2-Maske trug (was sehr bald keine Rolle mehr spielen würde). Dann fängt er unter Tränen an zu erzählen.

Alles hat er verloren. In seinem eingeschossigen Haus neben der Kirche stand das Wasser bis zur Decke, er war nur mühsam und abenteuerlich rausgekommen. Nun hatte er nichts mehr, nur noch die Sachen am Leib. Kein Geld, keine Papiere, keinen Schlüssel.

Er ist die erste Person, der ich helfen kann. Dank meines Handys, das noch Strom hat (den gibt es in der ganzen Stadt nicht mehr ... auch kein Leitungswasser) und der Telefonnummern, die darin gespeichert sind. Ich kann ihm ein Zimmer im Studienhaus des Priesterseminars St. Lambert vermitteln, völlig unkompliziert und sofort. ... Dietfried hat Kleidung, als er abgeholt wird, und einen Geldschein in der Tasche. Er ist der erste von ganz vielen, die an diesem Tag hierhergebracht werden und die erst mal Hilfe bekommen:

- Camper, die in ihrem Wohnmobil von der Flut mitgerissen wurden und sich in einem Gestrüpp festhalten konnten.
- Heiko kümmert sich über Stunden um einen jungen Mann, der nur mit Unterhose aus dem Rettungswagen kam. Er liegt auf einer Bahre und kann vor Weinen kaum sprechen. Er ist überzeugt, dass seine Freundin in den Fluten umgekommen

ist, ohne dass er ihr helfen konnte. Von einem Studenten bekommt er was zum Anziehen und eine Packung Zigaretten.

- Andere verlangen nach einem Handy, sie wollen ihren Kindern sagen, dass sie noch leben.
- Wieder andere suchen einen lieben Menschen. Wir vermitteln Kontakte und hören zu. Wir hören Unglaubliches, immer neu. Schrecklichstes haben all diese Menschen erfahren.
- Zwischendurch kann ich über eine Freundin Trinkwasser bestellen, sie war auf dem Weg in ein Einkaufszentrum auf der Grafschaft, als es im DRK-Haus knapp wurde.
- Mittags schon gab es im DRK-Haus einen ganzen Berg mit trockenen Kleidern. Steffi (auch von der Grafschaft) hat ihre Kinder zu Freunden gebracht und sortiert erst mal die Berge. Dann ziehen wir drei zusammen einer korpulenten und kaum bewegungsfähigen Dame die nassen Kleider aus und versuchen, sie in trockene mit angemessener Größe zu kleiden …

Immer wieder kommen Rettungswagen und bringen neue Gerettete. Wir sind längst mit den Helferinnen und Helfern des Deutschen Roten Kreuzes ein Team. Heiko und ich verstehen uns wortlos, mit kleinen Hand- und Kopfbewegungen. Sobald die ersten Untersuchungen und medizinischen Versorgungen erfolgt sind, setzen wir uns zu den Menschen, auf die Bänke oder an die Liegen, und fragen, hören zu … Manchmal können wir auch erste Dinge erledigen und Informationen ans DRK weitergeben.

- Im Laufe des Tages entstehen Auffangquartiere, in die diejenigen gebracht werden, die keine weitere Versorgung brauchen. Wir hören, dass in Heimersheim die Gemeindehalle heil geblieben ist. Dorthin können nun Menschen gebracht werden, es sind auch Notfallseelsorger*innen vor Ort.

- Uns gelingt es, Mittagessen zu besorgen. Auch hier springt das Studienhaus ein, mit einem Topf dicker Suppe und Brot. Wenigstens für jeden, der da ist, einen Teller voll. Später bedanken sich so viele, dass sie eine Scheibe Brot essen können.

Das DRK-Haus ist ein Bienenstock voll Geschäftigkeit und großer Kompetenz in der Erstversorgung. Und mit stillen Ecken, in denen die warten, die schon versorgt sind. Manche haben sich neue Kleider besorgt, trockene Schuhe, ein neues Unterhemd.

Wir können irgendwann sogar Kaffee anbieten ..., weil er gebracht wird. Und ganz spät kann eine Helferin oben in den Seminarräumen einen Topf Suppe warm machen, als genug Helfende da sind, die sich um die Geretteten kümmern können. Mal sitzen für ein paar Minuten, Kraft tanken, erzählen.

Dann geht es weiter: Ein mobiles Krankenhausteam baut in der Nebengarage sein Equipment auf. Die Menschen erhalten nun ihre individuellen Medikamente, weil die ja auch in den Fluten untergegangen sind. Es werden Brüche diagnostiziert und versorgt. Andere Patienten werden in Krankenhäuser, die noch erreichbar sind, gebracht. Immer wieder treffen Rettungswagen ein, andere bringen Personen, die registriert sind, wieder weg und in Auffanglager. Ein großes gibt es im Gewerbegebiet auf der Grafschaft. Dorthin, so hören wir, wurden auch die Geretteten aus dem oberen Ahrtal gebracht, die mit Hubschraubern von den Dächern ihrer Häuser geholt werden mussten. Dort hatten sie die ganze Flutnacht verbracht ...

Die Geschichten sind immer wieder unglaublich. Unglaublich schrecklich. Unglaublich dramatisch.

Wir sind den ganzen Tag bis spät abends im Einsatz – so wie Mara, Nicole, Michael und Stefan und wie sie alle heißen.

Und wie Steffi und Alex, die über unsere Facebook-Posts von der Not im DRK-Haus erfahren haben und einfach vorbeigekommen sind um mitzuhelfen.

So war der erste Tag …

Der erste Tag von ganz vielen …

facebook – 17. Juli 2021

Das Wachwerden am 2. Tag danach ist genauso unwirklich wie der gestrige Morgen. Die Vögel singen.
Wie war die Nacht in den Notunterkünften? Wo sind die Menschen, die wir gestern beim DRK versorgt haben, jetzt? Und all die anderen … Tausende ohne Wohnung … Konnten die Helfer*innen nach dem Dauereinsatz schlafen? Wer sucht noch alles verzweifelt nach Vermissten? Wie viele Tränen sind in der Nacht geweint worden, weil alles verloren ist? Die Toten sind noch nicht gezählt. Die ersten Hubschrauber fliegen …
So viele wollen helfen.

Erste Schritte im Chaos

Die allererste Hilfe ist getan. Der Besuch am frühen Morgen beim DRK zeigt: Hier sind alle fertig, körperlich, nach solchen Anstrengungen. Aber auch mit dieser Form der Ersten Hilfe. Jetzt ist anderes gefragt: Überblick verschaffen, Schritte wagen auf dem unsicheren Terrain und vor allem: Hilfe anbieten und organisierend helfen. Einfach da sein!

Ich versuche, die Mitarbeiterinnen und Mitarbeiter zu erreichen, die in ihren Häusern und Wohnungen von der Flut nicht betroffen scheinen:

- Beate als Gemeindereferentin wohnt auf der Grafschaft, aber auch bei ihr kam das Wasser, wie sie erzählt, über die Felder ans und ums Haus;
- Gertrud, die bei uns in der Verwaltung unterstützend mitarbeitet und hauptberuflich als Ökonomin im Studienhaus St. Lambert tätig ist und am Tag zuvor zusammen mit der Hausleitung so viel geholfen hat;
- Johanna, die Pastoralassistentin, die am Wochenende eigentlich verabschiedet werden soll (aus ihrem Urlaub werden vier intensive und arbeitsreiche Wochen);
- Arno, der Mitbruder, der in Bonn wohnt und ein Studium in Kunstgeschichte hat, was sich als großes Geschenk erweisen wird;
- Heiko, mit dem ich schon am Tag zuvor beim DRK war, und dazu – warum auch immer er mir an diesem Morgen eingefallen ist – der Oberst a. D. Olaf, der uns mit seinen

Krisenerfahrungen zur Seite steht, Ruhe und Struktur gibt, und beste Verbindungen zur Bundeswehr hat und diese auch zur Stadtverwaltung aufbaut, wovon wir alle profitieren sollten.

Wir organisieren uns. Wir sieben werden uns als Arbeitskreis „AK Kirche hilft" vier Wochen lang jeden Morgen von 9:30 Uhr bis zum Mittag im Studienhaus in Lantershofen treffen. Austauschen, planen, Schritte gehen, Aufgaben verteilen, versuchen, Ordnung in das Chaos zu bringen, und vor allem: Hilfe organisieren. Und Hilfe leisten, bei den Menschen sein. An diesem Morgen ist auch Bischof Stephan – auf dem Weg von Bonn – bei uns zu Gast. Er hört, fragt und bietet seine Hilfe an.

Die Hilfe funktioniert rasch und problemlos. Schon am Freitagabend, also zwei Tage nach der Flut, bauen die Junggesellen aus Lantershofen wie selbstverständlich ihr großes Zelt auf. Später erst wird bekannt, dass es ein ganz neues Zelt war, das hier zum ersten Mal im Einsatz ist. Wir planen, darin eine Möglichkeit zu schaffen, um Menschen zu treffen und Gespräche anzubieten. Es kommt ganz anders: Noch am selben Abend werden darin Lebensmittel- und Kleiderspenden abgestellt, denn es ist ein sauberer und trockener Ort – wie es sonst eigentlich keinen mehr gibt –, zudem zentral gelegen. Und allen ist sofort klar: Hier müssen wir organisieren und helfen, dass das mit den Spenden klappt. Denn nicht überall funktioniert es gut, wenn Spenden einfach nur abgestellt werden und dann schnell verwahrlosen. Unser Zelt „Kirche hilft" wird so der erste von vielen Spenden- und Abholpunkten. Die Unterstützung ist überwältigend – auch durch die Helferinnen und Helfer, die Johanna organisiert und koordiniert, solange sie bei uns ist.

facebook – 18. Juli 2021

Tag drei geht zu Ende

Es ist unfassbar.

* Was es an Schäden gibt: Alle haben ihre Wohnungen verloren. 😭
* Unser Gebäude-Check treibt die Tränen in den Augen. So unfassbar 😱
* Die Zahl der Toten steigt und steigt … Ich kenne viele 🙈

Die Arbeit scheint unendlich … Unsere Stadt, das Ahrtal ist zerstört, wie es kaum vorstellbar ist.

* Es gibt so viele Helfer*innen von überall her.
* Hilfsbereitschaft und Solidarität haben keine Grenzen.

Und immer noch – es ist nach Mitternacht – höre ich Martinshörner …???

facebook – 18. Juli 2021

Wieder ein Tag in dieser irrealen Welt …

* Es wird unglaublich aufgeräumt! Die Ahrhut war zum dritten Mal voll Müll … weg … Nochmal raus … Alles mit soooo fleißigen Händen von Freunden, Arbeitskollegen, Studienfreunden, ganzen Firmen und auch „Fremden"! Unzählige. Das macht so dankbar. Ist so viel Licht.
* Es gibt unglaubliche Hilfsmaterialien aller Art. An so vielen Stellen. Aber: Hier gibt es kaum die Kräfte, die die Orga übernehmen können. Unbedingt über die Kreisverwaltung anmelden. Oder: Alles! Selber abwickeln … Nicht nur abstellen.
* Das Zelt, das als Stützpunkt der Seelsorge am Adenbachtor gedacht war, hat ein Eigenleben entwickelt: Tauschplatz, Börse, Treffpunkt … Gut organisiert! Ab morgen mit Ordensfrauen.

* Wir haben Gottesdienste gefeiert. Ein Stück Himmel herunter gefleht. Klar: in kleinem Kreis, einer ökumenisch, einer draußen ... etwas Vertrautes in all dem Rätselhaft-Unbekannt-Neuen, in großer Stellvertretung, als Ruheplatz. Und: abgeben. 🙏
* Absprachen mit dem Bistum und der Notfallseelsorge, auch hier große Unterstützung (50 Notfall-Seelsorger*innen), die anrollt und auch vernetzt wird.

Danke!

* Der Turm von St. Pius steht – sagen zwei Fachleute. Über das Bistum wird die Statik geprüft werden. Zeitnah. Auch der anderen betroffenen Kirchen, Pfarr-Räume, Kapellen.
* Und auch gelacht wird viel, auf der Straße bei den Leuten ... Bei allem Ernst und Verlust! Beim Abendessen mit Freunden ... Seelenhygiene ... Und morgen geht es weiter!

Gute Nacht!

Jetzt ist anderes gefragt:

Einfach da sein!

facebook – 19. Juli 2021

Und wieder ein Tag ... Der wievielte eigentlich???

* Es wird organisierter, das tut allen gut.
* Unser Zelt „Kirche hilft“ läuft ... Auch dank der Präsenz der Schönstätter Marien-Schwestern.
* Die Straßen sind mehrfach vom Schutt befreit und wieder gefüllt und noch mal abgefahren.
* Viele Erdgeschosse sind geleert. Die Generatoren laufen und pumpen die Keller leer. Eins der drei Grundgeräusche neben Martinshorn und Hubschrauber ...
* Es wird deutlich durch Leute, die hierherkommen: Das hier ist trotz Bildern und Berichten nicht vorstellbar – weil wir NICHTS Vergleichbares kennen ... Wie auch: Ein ganzer Landstrich ist zerstört! Komplett 😱
* Ein Reporter von AP sagte heute: Das ist wie im Krieg in Afghanistan ...
* Trotzdem machen die Menschen weiter, die Kräfte lassen langsam nach, klar ... In dem Tempo und der enormen Anspannung geht es nicht lang weiter.
* Die Zahl der Toten steigt ... Aber das kommt kaum an ... Es ist wohl einfach zu viel für die Seele ... Aber es kommt ...
* Das Bistum und viele Kolleg*innen stehen bereit. Wir schaffen das auch nicht allein!

Pläne werden dazu erarbeitet ...

Danke für das Gebet!

Und noch: Ein Mann bat mich um meinen Segen am Ende eines Telefonates ... Da war meine Professionalität zu Ende ... 😢 Und ich hab auch ihn um seinen Segen gebeten ...

Gute Nacht!

facebook – 22. Juli 2021

8 Tage sind es nun her, acht Tage ...

Es sind Ewigkeiten, die mich vom normalen Leben vor der Katastrophe trennen ....

Wir leben seit Mittwoch in einer anderen Welt:

* weniger Schlaf: 4 bis 4,5 Std.
* andere Geräusche: Martinshorn, Hubschrauber, Generatoren, ...
* andere Gerüche: Diesel, Modder, ...
* anderer Umgang: Für Nettigkeiten ist keine Zeit. Ehrlich und dankbar sein wird wichtiger.
* Ich brauche keinen Geldbeutel mehr: Es gibt nichts zu kaufen und doch ist so vieles da.
* Die Gummistiefel scheinen durch die FFP2-Masken ersetzt zu werden: Schlamm nicht mehr am Boden, sondern in der Luft.
* Die sonst so saubere und bunte Stadt ist dreckig, stinkig und braun.
* Corona, Inzidenz und R-Faktor treten komplett hinter Schaufel, Wasserfragen und schmutzigen Klamotten zurück.
* Immer noch dreh ich den Wasserhahn zum Händewaschen auf, auch nach 8 Tagen – kommt aber nix.
* Statt des kurzen „Guten Tag“ werden Traumata dieser schrecklich bedrohlichen Nacht erzählt.
* Viel mehr Tränen, viel mehr Lachen, viel mehr Dankbarkeit.

Die Liste ist noch viel länger!

Wir machen weiter ... auch nach 8 Tagen.

Gute Nacht!

Auf der Straße

Morgens planen, austauschen, mittags Aufgaben abarbeiten und Anrufe erledigen. Nachmittags geht's auf die Straße – und damit zu den Menschen. Abends, nachts und früh morgens: Computerarbeit, Facebook, Posts schreiben, Nachrichten beantworten – so sieht in den ersten Wochen der neue Tagesablauf aus. Das Wichtigste ist jedoch, bei den Menschen zu sein. Manches Mal mit Heiko, dann mit Johanna oder auch mal mit Freunden, die uns helfen, mit dem Auto „in die Stadt" fahren, was bedeutet: Überlegen, wo wir noch nicht waren und planen, wie wir – z. B. bei nur einer Brücke in der Stadt – überhaupt dort hinkommen. Und dann versuchen wir, so weit wie möglich an die Ahr heranzukommen, zwischen Schlamm und Müllbergen einen Parkplatz für das Auto zu suchen – und loszugehen.

Bis zu diesem Punkt ist das Ganze planbar. Danach geschieht vieles einfach: Die Menschen sind in den Häusern am Arbeiten und viele erkennen uns – entweder am Priesterhemd, das ich jetzt immer trage, oder weil ich aufgrund der 19 Jahre, die ich jetzt hier bin, eben sehr viele Menschen kenne. Sie lassen dann, wenn sie uns sehen, ihre Schaufel und die Eimer stehen – oft mit Tränen in den Augen. Dann folgt, wenn wir uns kennen, eine stumme Umarmung. Und eine Frage: „Wie geht es mit dem Aufräumen?" – Dann fangen sie an zu erzählen ... Und oft, viel zu oft, hören wir, wie ums Leben gekämpft wurde.

David beispielsweise arbeitet mit seiner ganzen Familie und vielen Freunden an seinem Haus, das genau wie die in der Nachbarschaft bis in den zweiten Stock geflutet wurde. Es ist selbst beim Erzählen für ihn (und erst recht für mich) unfassbar, wie das Wasser der Ahr so hoch steigen konnte. Er erzählt, wie sie mit den beiden Kindern, als es immer weiter stieg, aus dem ersten Stock noch eine Etage höher geflüchtet sind. Das ging ja alles so plötzlich. Da war kein langsames Steigen des Pegels, sondern eine tsunamiartige Welle schoss heran, die Schlamm mit sich brachte und alles wegriss, was im Weg stand. Und Todesangst – um die Familie, eine ganze Nacht lang.

Mein Blick schweift zwischen den Häusern durch. Ich sehe ein Haus ganz anders als die anderen dastehen. „War das schon immer so?“, frage ich. – Nein! Da steht ein ganzes Haus um etwa 15 Grad verdreht, also komplett verschoben, samt Bodenplatte und allem, was dazugehört. Wie kann das sein?

David schickt mich zu den Nachbarn gegenüber, besser gesagt zu ihrem Sohn, der dort am Arbeiten ist, auch mit einem ganzen Trupp. In der Nacht hat David mit seiner Familie und den Nachbarn viele Stunden nicht nur Angst um seine Familie gehabt. Gegenüber hat das ältere Ehepaar versucht, als das Wasser schon hoch stand, das Haus zu verlassen. Die beiden kamen aber nicht mehr weg, die Flut war unglaublich stark. Sie haben sich dann am Geländer des Balkons festgehalten … über viele Stunden. Die Nachbarn haben ihnen Mut zugesprochen: „Haltet durch!“ Und sie haben versucht, Seile zu ihnen zu befördern und eine Luftmatratze, die noch handhabbar war, durch die Flutmassen „hinzuschicken“, was alles nicht klappte. Irgendwann ließen die Kräfte der beiden nach – und sie ließen los.

Als wir mit dem Sohn sprechen, sind seine Eltern noch nicht gefunden worden.

Da sind keine Worte möglich, nur ein stummes Zuhören und ein Angebot: „Sie können sich jederzeit melden." Nach kurzen Sätzen hören wir ein: „Ich arbeite jetzt weiter. Das ist das, was mir jetzt hilft."

Das hören wir oft und es ist so: Das Arbeiten – oft bis fast zum Umfallen –, das Schippen und Schuften und Wegschmeißen von allem, was da im Haus ist (ja wirklich von allem), ist schrecklich. Aber es hilft auch beim „Verstehen" dessen, was geschehen ist. Oder besser wohl beim Herantasten an diese neue und immer noch unglaubliche Wirklichkeit. Der Kopf bleibt außen vor, der Körper hat ungeahnte Kräfte. Selbst junge Mädchen stehen in der Eimerschlange, an der Schippe und schleppen Möbel auf die Straße. Und es ist so unendlich gut, dass das niemand allein tun muss … dieses schreckliche Werk des Ausräumens: Es sind Freunde da, die von überallher kommen. Es sind unzählige Fremde da, die einfach mit anpacken

Ein Zusammenhalten, wie wir es vorher nie kannten. Das Wunder der Helfer. Das Licht in der schwarz-braunen Dunkelheit. Die Engel in der Schlamm-Hölle – wie viele sind davon zu Freunden geworden.

Alles ist uns genommen

Was einst sicher war – …

… der Boden unter den Füßen – wurde zum rutschigen, stinkenden Schlamm;
… das Dach über dem Kopf, das sichere Zuhause – wurde zum Ort der Todesangst und ist jetzt leergeräumt, nur noch nackte Wände;
… Infrastruktur, die selbstverständlich funktionierte und Sicherheit gab – ist weg: Wasser, Strom, Straßen, Brücken, Telefon, Einkaufen, medizinische Versorgung ...

Der Bach, den wir so liebten – wurde zum Ungeheuer, das das ganze Tal vernichtete.

Nichts blieb, wie es war.

Das Weltbild wackelt. Bei manchem ist es eingestürzt. Wenn das, was in meinem Leben als sicher galt, nicht mehr ist, dann …

… muss die Ordnung unserer kleinen Welt neu geschaffen werden. Auch die innere Ordnung. Das Grundvertrauen ist bis ins Mark erschüttert. Wie leben mit der Angst – vor der nächsten Flut? Vor dem nächsten Regen? Vor der nächsten Nacht?

Sie werden wiederkommen, diese Ängste. Vielleicht ein Leben lang. Die meisten werden damit gut leben lernen, weil unser Vertrauen in das Leben stärker ist – und sich durchsetzt. Und es werden nicht wenige lange damit kämpfen, vielleicht ein Leben lang. Sie werden hoffentlich professionelle Hilfe in Anspruch nehmen. Und sich Zeit lassen.

Der Glauben an den Gott, dessen Name Jahwe – „Ich bin da“ – ist, wird sich wandeln. So wie er sich im Volk Israel mit jedem Gehen durch eine Katastrophe gewandelt hat. Gesungen wurden davon viele Lieder in der Bibel, z. B. im Buch der Psalmen. Gesungen wurden sie von den Geretteten. Sprachlos bleiben die Opfer. Sie brauchen unsere Stimmen. Unsere Hoffnung. Unsere Lieder.

Das Grundvertrauen ist bis ins Mark erschüttert. Wie leben mit der Angst?

Zerstörte Möbel, darunter eine Schaufensterpuppe, türmen sich vor einem Haus in einer mit Schlamm verschmierten Straße in Bad Neuenahr.

„Christus mansionem benedicat“ (= „Christus segne dieses Haus“), ein Segensaufkleber der Sternsinger liegt im Matsch auf einer Straße, so gefunden in Ahrweiler.

Wo warst du Gott, Ewiger,
hast du uns endgültig verlassen?

Baust du längst an einer neuen Erde,
irgendwo fern in deinen unendlichen Weiten?

Mit tödlichem Tempo füllten schlammige Wasser die Häuser, grausig ertranken Menschen in ihren eigenen Zimmern.

Stephan Wahl,
Ahrpsalm

Abschied von lieben Menschen

Am Sonntag, den 18. Juli, also drei Tage nach der Flut, ruft abends Wilhelm an: „Jörg, wir brauchen dich!“ Ich kenne Wilhelm, den Mann Anfang 40, als Sohn von Freunden schon 19 Jahre, so lange, wie ich in Ahrweiler bin. Und wenn Wilhelm so was sagt, dann meint er das so.

Wilhelm ist bei der Feuerwehr, und ich habe ja vier Tage vorher, am Abend vor der Flut, mit den Feuerwehrkameraden zusammen noch das Gerätehaus geräumt. Und ich weiß auch sofort, die sind seit Tagen ununterbrochen im Einsatz: retten, löschen, bergen, schützen, *#immerda.*

Und dann nennt Wilhelm den Grund: „Wir sind an einem Haus und pumpen den Keller leer. Da ist eine Frau ertrunken, die ist noch drin. Der Mann ist hier!“

Doch wie komme ich zu dieser Adresse, frage ich mich. Das liegt auf der anderen Ahrseite und es gibt keine Brücken mehr. Die „Umfahrung“, etwa 50 km, würde fast eine Stunde dauern. Nun gut, eine Brücke steht ja noch, Fußgänger dürfen sie benutzen. Und die Straße ist gar nicht so weit davon entfernt. Mit dem Auto kämpfe ich mich also durch die verstopften und schlammigen Straßen, finde einen Platz zum Abstellen und suche mir einen Weg durch den Schlamm.

Was wird mich erwarten! Ein Mensch ist tot. Doch was meine Augen zunächst sehen, ist Zerstörung. Ich war bis dahin noch nicht auf der anderen Ahrseite. Ich muss an Schulen vorbei, die im Erdgeschoss keine Fenster mehr haben. Ich sehe das

Flüsschen Ahr, das so viel Leid – und Tod – gebracht hat … Und wieder sind die Tränen da.

Ich kenne die Frau, die im Keller ertrunken ist: Vera war hochengagiert beim Empfangsdienst unserer Kirchengemeinde in Coronazeiten. Immer ansprechbar, wenn es irgendwo eine Lücke gab. Sie hat immer alles geregelt, wenn es wieder Neuerungen gab. „Vera ist tot?“ Ich kenne auch ihren Partner Albert, einen Schützenbruder. Wir sind uns mal irgendwann im Urlaub begegnet und ein Stück miteinander gewandert.

Kai O. redet mit ihm, als ich komme. Auch Kai kenne ich schon seit fast 19 Jahren. Kennengelernt habe ich ihn damals als Junggesellen, heute ist er ein Familienvater. Auch die anderen Männer rund ums Feuerwehrauto kenne ich alle: Daniel, Bastian, Kai B., Tobias, David – wie es denen wohl geht?

Albert erkennt mich sofort. Eine stumme, lange Umarmung. Ich nehme ihn mit auf die andere Hausseite, weg vom Lärm des Kompressors und der Pumpe. Ich muss gar nicht erst fragen, er erzählt sofort vom Mittwochabend, wie sie den Mietern geholfen haben, die im Parterre wohnen, ihre Sachen zusammenzusuchen … Wie sie sie zu sich in die Wohnung geholt haben … Wie sie im Keller waren, um ein paar Sachen zu retten … Wie sie noch mal runtergingen … Wie auf einmal die Ahr zu hören war … und sie schnell nach oben gingen mit dem, was sie in den Händen hatten, um das ältere Ehepaar auch zur Eile zu treiben – und wie seine Frau nicht hinter ihm war, als das Wasser die Tür aufdrückte und mit ungeheurer Wucht ins Haus einbrach. Sie kam nicht mehr hoch … Das Wasser stieg dann noch fast bis in den ersten Stock. Aber Vera kam nicht …

Er wusste, dass sie im Keller war, ohne Chance auf Überleben. Eine tödliche Sackgasse. Gegen die Gewalt dieser Flutwelle war menschliche Kraft ein Nichts. Erst recht, wenn der einzige Ausweg die Treppe nach oben war, über die die Wassermassen nach unten stürzen.

Sie war dort unten. Seit drei Tagen schon. Er hatte die Feuerwehr gleich angerufen und um Hilfe gebeten. Die hatten tagelang viel zu viel zu tun gehabt, um Überlebende zu finden, Lebende zu retten und Wege zu sichern. Drei Tage. Die ganze Zeit wusste er, dass seine geliebte Frau dort unten ist.

Immer wieder stockt er im Erzählen, Tränen ersticken seine Stimme … zuhören kann ich trotzdem: meine Hand auf die Schulter legen, ihn noch mal umarmen, das Unbegreifliche mit ihm zusammen aushalten … Die Worte versagen mir … Ich bin da …

Nach einer gefühlten Ewigkeit sind die Pumpen still. Kai sagt uns, dass das Wasser weitgehend aus dem Keller abgepumpt ist. Wir warten – auf die Kriminalpolizei. Der Blick wandert in die Nachbarschaft: Auf dem Blumenfeld stehen zwei Autos, von der Flut mitgenommen und hier liegengelassen. Ob da auch noch jemand drin ist? Die Häuser drum herum waren alle bis fast in den ersten Stock geflutet. Die Straße ist so voller Müll, der vorher Einrichtung, Möbel, Kleidung und Erinnerung war, dass sie nur einspurig zu befahren ist. Alles ist verloren, nichts mehr, wie es war.

Hier an diesem Ort hat ein Mensch sein Leben verloren. Ein Mensch, der geliebt wurde. Vera hat sich eingesetzt für andere. Sie war ein Mensch mit vielen Verbindungen. Jetzt ist sie nicht mehr bei uns.

Wie grausam diese Nacht, diese Flut …

Wie grausam und nicht zu verstehen …

Dann kommt die Polizei, zwei Beamtinnen. Sie sind sehr freundlich und zugewandt, doch auch in bester Weise routiniert. Sie erklären, was sie jetzt tun … nehmen die Personendaten auf, lassen sich den Mittwochabend noch mal erzählen, kurz … Aber für Albert ist es das zweite Mal innerhalb einer Stunde. Sie machen sich Notizen auf einem Formular.

Als sie sich kurz abwenden, um einen Anruf entgegenzunehmen, kann ich Albert erklären, wohin seine verstorbene Frau gebracht wird, dass sie noch obduziert wird in Mainz, dass das bei allen Flutopfern so ist. Ich weiß das, weil die Stadt uns tags zuvor darüber informiert hat. Solche formalen Dinge schaffen Klarheit und damit auch etwas Ruhe.

Als die Polizistinnen sagen, dass jetzt gleich der Bestatter käme, um Vera abzuholen, und dass sie keine weiteren Fragen mehr an ihn haben, ist für Albert klar, dass er gehen will. Es sei jetzt genug für ihn. Ob er fahren kann? Bis zu den Verwandten ist es noch eine ganze Ecke. Ja, das könne er … er sei es gewohnt … das gebe ihm Ruhe… und dort sei er dann ja nicht allein. Gott sei Dank!

Ob ich seine Frau beerdige? – Klar!

Wo? – Ich weiß es noch nicht, denn einer der Friedhöfe liegt direkt an der Ahr …

Wann? – Wir werden einen Termin finden.

Wir haben – viel später – einen Ort gefunden, im Grab der Mutter. Zum erstmöglichen Zeitpunkt und doch Wochen nach der Flut. Ich hatte großen Respekt vor der Beerdigung: Wir sind ja alle Opfer der Flut. Und mit dem Leben davongekommen … Vera allerdings, ausgerechnet Vera nicht.

In diesen Tagen hat plötzlich die Presse ein großes Interesse an der Frage, wie die Flutopfer beerdigt werden. Wir weigern uns, dass die Abschiedsfeiern gefilmt oder fotografiert werden. Das geht zu weit, ist zu schwer, zu intim. Deshalb bleibt dieser Schritt des gemeinsamen Abschieds von einem lieben Menschen auch bei Vera unbeschrieben. Ich hoffe auf Ihr Verständnis.

Abschied mit gebrochenem Herzen

In der Flutnacht haben 134 Menschen ihr Leben verloren. Jedes einzelne Schicksal ist zutiefst erschütternd. Jedes ist so einzig. So traurig. So viel Kampf. Jede Geschichte erschüttert wieder neu – bis ins Innerste. Für die Familien bleibt der Tod eine Wunde, die lange nicht heilt.

Ich möchte noch einen anderen Tod erwähnen. Denn es sind auch in den Tagen nach der Flut Menschen an der Flut gestorben. Nicht, weil sie ertrunken sind. Nicht, weil sie Verletzungen davongetragen haben, an denen sie gestorben wären. Sie sind an den Folgen der Flut gestorben; ich sage: an gebrochenen Herzen. Oder anders ausgedrückt: Sie konnten mit all diesen Erlebnissen nicht weiterleben.

Vor jedem, der den Schritt aus diesem Leben heraus setzt, habe ich größten Respekt. Jeder und jede hat eine ganz eigene Geschichte. Die nicht in die Breite einer Buch-Veröffentlichung gehört. Die niemand erklären und letztlich niemand verstehen kann. Und doch will ich an diese Menschen erinnern – die nicht in einer Statistik erfasst sind und deren Tod so viele Bekannte, Nachbarn und Freunde tief verwundet zurücklässt – und sie hier erwähnen. Ich kenne einige ältere Menschen, die nach der Flut gestorben sind, und ich würde sagen, auch an den Folgen der Flut. Sie gehören zu den Flutopfern! Die Flut hat ihr Leben zerstört und die Wasser haben sie mitgenommen. Auf ihrem Totenschein wird nicht „gebrochenes Herz" stehen. Und doch ist das die eigentliche Todesursache.

Hubert hat mir seine Flutnacht-Geschichte erzählt, die auch die seiner Mutter ist. Er hat sie mir erzählt beim Kondolenzbesuch vor ihrer Beerdigung …

Hubert hat seine Mutter seit vielen Jahren gepflegt, unterstützt durch den ambulanten Pflegedienst der Caritas, vor allem durch eine rührige Stammpflegerin. Er hatte sein Leben auf die Unterstützung seiner Mutter eingestellt, hatte einen Rhythmus gefunden, wie die Tage mit Körperpflege, Einkaufen, medizinischer Versorgung, Kochen und Essen, Ruhen und kleinen Ausflügen so ausgefüllt sind, dass das alles nicht überfordert, und die Mutter darin eine stille Form von Glück leben kann.

In der Flutnacht schläft die Mutter wie immer im Erdgeschoss, sie hört das Wasser nicht kommen. Hubert wird schnell klar, dass sie im Parterre in Lebensgefahr geraten wird. Er bringt sie unter Aufbringen aller Kräfte in seine Wohnung im ersten Stock. Die Mutter ist zu schwach, um mitzuhelfen, so ist es eher ein Schleppen und Ziehen – immer wieder mit beruhigenden, Mut machenden Worten und Gesten.

Die Flut war längst ins Erdgeschoss eingebrochen. Zwischen dem im Treppenhaus steigenden Wasser und den beiden bleiben immer nur ein bis zwei Treppenstufen, also 20 bis 40 cm. Diese Differenz ist nun der Unterschied zwischen Leben und Tod. Würde ihn jetzt die Kraft verlassen, würde seine Mutter abrutschen und in den Fluten elendig ertrinken …

Hubert schafft es nach oben. Er kann die Mutter in sein eigenes Bett legen.

In der finsteren Wohnung wechselt er immer wieder vom Bett zur Treppe, das Wasser steigt weiter. Stufe um Stufe. Selbst in dieser Finsternis ist das leicht zu erkennen, da die Stufen weiß sind. Hubert betet, stellt eine Muttergottes-Figur auf den Treppenabsatz, und er weiß: Noch ein Stockwerk höher schafft er die Mutter nicht.

Zwei Stufen vor dem Absatz hört das Steigen auf, mitten in der Nacht. Das Wasser steigt nicht weiter … Dann legt Hubert sich zu seiner Mutter und hofft, dass sie schläft.

Sie wird nicht mehr reden nach dieser Nacht. Sie nimmt kaum noch Essen zu sich, selbst das Trinken wird immer schwieriger. Mit einem befreundeten Arzt entscheidet sich Hubert für alle Möglichkeiten der Palliativmedizin, die die Mutter zu Hause und durch den Arzt empfangen kann. Einen erneuten Krankenhausaufenthalt schließt er aus. Er spürt, die Mutter möchte sich auf den Weg machen. Sie will nicht „zurück“ in ihre zerstörte Heimat, die sie so geliebt hat, auch wenn sie nicht im Ahrtal geboren wurde. Sie will nicht mit all den Veränderungen zurechtkommen, die sie völlig überfordern würden. Es ist genug.

Hubert geht den Weg der nächsten Tage sehr bewusst mit seiner Mutter. Er weiß, es sind die letzten. Sie stirbt in seinen Armen, als er – wie jeden Abend – zum Abendgebet das Vaterunser betet. Beim letzten Satz: „… und führe uns nicht in Versuchung, sondern erlöse uns von dem Bösen. Amen!“ Beim Amen.

Gedenkfeiern

Im Ahrtal gehört es zum gemeinsamen Weg nach der Flut, dass wir der Toten gedenken, und mit ihnen auch all der anderen Opfer. Nur so gelingt ein Weg in die Zukunft.

Im Hohen Dom zu Aachen fand im August der große Ökumenische Gottesdienst statt, in dem auch der Ahrpsalm von meinem Freund Stephan Wahl, der in diesem Buch abgedruckt ist, vorgetragen wurde und vielen Worte schenkte, die selbst kaum Worte fanden. Auch gab es die nationale Gedenkfeier am Nürburgring, die einfühlsam und einprägsam vorbereitet und mit Beteiligten gefeiert wurde. Viele angemessene Worte wurden gefunden, von denen manche bleiben. In Aachen hatte Renate gesprochen von ihren Flutnacht-Erlebnissen. Und am Nürburgring fand Thomas Worte, die unsere Situation ins Wort bringen. Ich selbst habe an vier viel kleineren Feiern teilgenommen; sie waren für die, die dabei waren, nicht weniger wichtig.

Die ersten, die einladen, um der Toten zu gedenken, waren die *Junggesellen von Ehlingen*. Schon am Freitag, den 23. Juli wollen sie einen Kranz niederlegen. Ob ich dazukommen will, fragt mich ein paar Tage zuvor Jan als Chef des Junggesellenvereins. Natürlich will ich das. Sie treffen sich nicht an der Ehlinger Kapelle, sondern an „ihrem" Heiligenhäuschen, an dem sie bei der Kirmes nach dem Totengedenken auf dem Heimersheimer Friedhof Station machen. Um sich mit einem kleinen hochprozentigen Getränk für den letzten Kilometer bis zur Ehlinger Kapelle zu stärken.

Ich komme von einem anderen Termin in Heimersheim knapp, aber rechtzeitig hinzu. Am Ortsrand sind um 21 Uhr circa 150 Menschen versammelt. Schweigend stehen sie am Straßenrand. Pünktlich begrüßt Jan die versammelte Menge, mit einfachen Worten. Und lädt zu einer Schweigeminute für die Flutopfer ein. Anschließend werden die Autos auf der Straße angehalten. Die Junggesellen gehen auf die andere Straßenseite zur Kapelle und legen einen Kranz auf die Stufen. (Sie müssen dafür weit gefahren sein, um ihn zu kaufen, denn im Ahrtal gibt es keine Blumengeschäfte mehr.) Dabei senkt sich die Fahne der Junggesellen, ein Stück Normalität mit völlig neuer Aktualität. Dann folgt die Einladung, dass alle die Teelichter anzünden sollen.

Spätestens jetzt rollen viele Tränen. Auch bei den Helferinnen und Helfern vom Technischen Hilfswerk (THW), die in Ehlingen stationiert sind, und die selbstverständlich mitgekommen sind. Nach der Feier stellt sich im Gespräch mit ihnen heraus, dass sie aus Heusweiler kommen, das nicht weit vom Ort meiner Kindheit und Jugend entfernt ist. Ein paar Brocken Saarländisch lassen den Bann noch schneller brechen, und die jungen Männer unter ihnen, die wie Stiere in den letzten Tagen geschafft haben, lassen ihren Tränen freien Lauf. Weil sie nicht verstehen können, wie so etwas bei uns passieren konnte – und wie sehr sie Menschen in ihrer Existenznot beigestanden haben.

Ob ich als Pastor noch was sagen soll? – Ich erinnere an die vielen, die betroffen sind. Finde Worte des Dankes an all die, die helfen und sich so stark einsetzen – „Ohne euch könnten wir nicht leben!" – und die unsere Wunden mitnehmen, wenn sie wieder heimfahren. Wir gehen mit schweren Herzen und nassen Taschentüchern unserer Wege. Dankbar, dass wir leben, und gestärkt im gemeinsamen Weg des Aufbaus unserer Heimat.

Die zweite Gedenkfeier wird am Samstag, den 11. September mit der *Heimersheimer Kirmes* verbunden. Der Ablauf wird nach Absprache mit den Junggesellen, die hier die Kirmes ausrichten, der Stadtverwaltung und den kirchlichen Gremien etwas angepasst. Die Messe zu Ehren des Kirchenpatrons, des heiligen Mauritius, ist nicht nur von den Vertretern der Vereine gut besucht. Die Junggesellen sind so zahlreich wie selten da und füllen in ihren weißen Hemden die ersten Reihen. Dahinter die Feuerwehr-Kameradinnen und -Kameraden, wahrscheinlich seit Wochen zum ersten Mal in ihren Ausgehuniformen. Es ist ein festlicher, dankbarer Gottesdienst, in dem es gelingt, unser Erleben in diesen Wochen mit dem kreuztragenden Jesus zu verbinden. Einem Jesus, dem die Last mehrfach zu schwer wird, der Helferinnen und Helfer findet, die mittragen an dieser Last – und bei dessen Kreuzweg immer wieder auch Licht aufscheint.

Anschließend geht es mit Blasmusik und den Schützen marschierend durch einige Straßen. Obwohl die Zerstörung zu sehen ist, die Schuttberge sind nicht überall geräumt, findet ein kleines Stück Normalität statt.

Dann das Gedenken an einem Heiligenhäuschen: Bis hierhin ist das Wasser in der Flutnacht gestiegen. Tim, der Hauptmann der Junggesellen, hält eine gute Rede, in der seine Emotionen sichtbar und hörbar sind. Seine Tränen erlauben es auch uns zu weinen. Nicht nur er hat Erlebnisse, die noch zu verarbeiten sind …

Der Bürgermeister Guido Orthen schließt sich an. In seinem Heimat-Stadtteil ist ihm die Flutnacht besonders nah. Hier leben seine Mutter, seine Angehörigen und Freunde und er selbst mit seiner Familie. Und auch hier geschieht es: Das, was auch sonst Tradition ist – eine Ansprache –, erscheint in einem neuen Licht: „Ich hatte einen Kameraden …“

Beim Totengedenken kennen alle Anwesenden Menschen, die ihnen fehlen …

Dass wir danach ein paar Schritte weiter auf dem Kirmesplatz mit Essen und Trinken noch etliche Stunden feiern, gehört auch zum Gedenken dazu. Es kommen so viele, wie seit Jahren nicht mehr. Es gibt viele, viele Wiedersehen, Umarmungen, Gespräche und singen und Lachen. Kölsche Lieder sind nicht nur für den Karneval gut.

Zur dann doch zentralen Gedenkfeier der *Stadt Bad Neuenahr-Ahrweiler* hatte der Bürgermeister nach Absprachen mit den beiden Kirchen für Samstag, den 18. September in den Kurpark eingeladen. Auch dort sind die Spuren der Flut mehr als deutlich: Bagger stehen, wo sonst Blumen wachsen, und Erdhügel sind entstanden, wo Rasen war.

Für die Veranstaltung ist alles vorbereitet: Stühle in Reih und Glied, auch einige Zelte für die Begegnung danach. 73 Mitmenschen sind in der Flutnacht gestorben. Für sie brennen 73 Kerzen, schlammverschmiert vor dem Schriftzug, der allen das Motto vor Augen führt: „Gedenken, Gedanken, Dank".

Das *Gedenken* unseres obersten Stadt-Feuerwehrmanns Marcus Mandt berührt: Was es bedeutet, wenn Männer und Frauen der Feuerwehr nicht retten-bergen-schützen können, sondern hilflos sind in der Not der Flutnacht. Und wie sie es dann doch tun können ab dem Moment der ablaufenden Flut – über viele Stunden, ohne Schlaf, ohne Erholung, trotz der Zerstörung der eigenen Häuser – bis fast zum Umfallen. *#immerda.*

Für die *Gedanken* der beiden Pfarrer steht das Kreuz im Mittelpunkt, das die Erde mit dem Himmel verbindet, auch in der Todesnacht. Und der „Ahrpsalm" gibt Gelegenheit, zurückzuschauen und innezuhalten.

Das *Danken* geschieht füreinander: Immer einer aus einer Gruppe dankt den anderen. „*Wir waren nicht allein …*" – Mit diesen Worten darf ich als Vertreter der Seelsorger*innen den vielen Helferinnen und Helfern aus der Nachbarschaft danken, die von Anfang an einfach da waren. „*Gemeinsam schaffen wir das!*" Zusammenhalten.

So wird diese Feier neben dem Gedenken auch zu einem Blick nach vorne. Und der schmale Grat zwischen Trauer, Tränen, Dank und Begegnung ist gelungen. Wir schauen nach vorne.

Das Weindorf *Dernau* ist etwas Besonderes. Immer schon gewesen. Und so ist auch die Gedenkfeier noch mal anders, sehr besonders, und vielleicht für Nicht-Rheinländer kaum verständlich. Die Dernauer feiern ihr Weinfest immer Ende September. Doch in diesem Jahr wird ihnen das Weinfest geschenkt, und zwar von der Kölner Karnevalsgesellschaft Rocholomäus. Die rückt mit Bier- und Weinbuden, mit Essenständen, einer Tanzgarde, ihrem Jugendchor und einem ganzen Bus voll Menschen an. Und machen aus dem gerade erst wieder freigeräumten Sportplatz einen Festplatz.

Der Nachmittag beginnt, so der feste Wille des Organisationskreises, mit einem Gedenkgottesdienst. Als Dechant darf ich mit der Dorfgemeinschaft und den Gästen aus Köln beten und bitten. Während der Bagger am Rande des Festplatzes noch die angeschwemmten Erdhügel auf Lastwagen verlädt, gedenken wir der Flutopfer. „*Mit tödlichem Tempo füllten schlammige Wasser die Häuser, grausig ertranken Menschen in ihren eigenen Zimmern*" (aus dem Ahrpsalm). Und das sind nicht nur die in der Nacht Ertrunkenen und danach Verstorbenen.

Von den Häusern des Dorfes sind 90 Prozent geflutet, nicht wenige davon schon abgerissen. Und doch: Das Dorf steht auf.

Das Feiern setzt ein Hoffnungszeichen. Selbst für dieses Katastrophen-Jahr gibt es eine neue Weinkönigin. Und bereits am Abend zuvor wurde die scheidende Dernauer Weinkönigin zur Deutschen Weinprinzessin gewählt. Die Welt der Dernauer ist für ein paar Stunden fast schon wieder normal

Als Überraschungsgäste kommen am Abend dann noch die „Bläck Fööss“ aus Köln. Gedenken an den Tod geht mit Dankbarkeit für das Leben zusammen. Zumindest im Rheinland. Wir weinen zusammen, wir feiern zusammen, wir halten zusammen!

facebook – 23. Juli 2021

Der wievielte Tag war das jetzt?

* Die Infos zur Großlage im Tal stimmen zuversichtlich: Brücken entstehen, Strukturen greifen, und so viel mehr – dank wunderbarer Helfer*innen.
* Zwei Presse-Interviews: angerührte Reporter, denen wie mir die Tränen kommen vom Ausmaß der Katastrophe, den Schicksalen so vieler, der unermesslichen Solidarität.
* Solidarität, die spürbar, erlebbar ist. Solidarität auch, weil alle hier im Tal von der Horrornacht so tief verwundet sind. Keiner blieb verschont.
* So viele Begegnungen in Walporzheim und Heimersheim: Die Parallelität der Erfahrungen ist hoch, und doch hat jede ihre ganz eigene Farbe, auch Dramatik.
* Die Laurentius Kirche samt Sakristei und die Zehntscheuer werden von einem Trupp starker Männer weiter entrümpelt: Br. Antonius, Micha K. – ein wirklicher Segen!

Gute Nacht!

Auf der Straße

Edith

Auf unseren Wegen durch Walporzheim treffe ich Edith. Wir kennen uns schon lange, wissen manches voneinander und von einigen Höhen und Tiefen des Lebens. Ihr Elternhaus steht direkt an der Ahr, sie hat es erst vor wenigen Jahren zu Ferienwohnungen umgebaut. Ich brauche nicht zu fragen, ob das Wasser auch bei ihr drin war. Und so umarmen wir uns, still, fest und sind froh, dass wir uns sehen.

Sie erzählt von ihrer Nacht, von der Angst vor dem Wasser – auch von den Helfern, von ihren Kindern und deren Freunden. Und vom Aufräumen, wie viel Kraft das kostet. Edith kann ihre Gefühle ins Wort bringen – das hat sie auf ihrem geistlichen Weg vorangebracht und ihr geholfen, die Klippen im eigenen Leben zu bewältigen. Das hilft ihr auch nach der Flut.

In Walporzheim entwickelt sich im Aufräumen eine ganz eigene, starke Dynamik. Helfer sind mit großem Einsatz und sehr lange da, sie stützen die Betroffenen mit sofortiger und mit bleibender Hilfe: Es wird ein Baustoffzelt geben, wo es alles umsonst gibt, was jetzt gebraucht wird. Und es wird ein Containerdorf aufgebaut, das für Helfer wie für die Einwohner gedacht ist, die nicht in ihren Häusern bleiben können, auch weil sie keine Heizungen haben.

Markus W. sorgt für eine riesige Präsenz in den sozialen Medien, was im Dorf spürbar und sichtbar wird: Der Zusammenhalt ist enorm, auch mit den Helfern.[3] Entsprechend groß ist das Medieninteresse. Edith wird immer wieder um Interviews gebeten. Sie erzählt, gibt Stellungnahmen ab und berichtet vom Alltag, wo es hängt und hapert. Das alles ist in dieser ersten Begegnung noch nicht klar. Und doch wird deutlich: Sie ist eine starke Frau, die ihren Weg geht. Auch wenn das viel Kraft kostet.

Als ich mich verabschieden will, zeigt mir Edith noch einen Blumenkübel vor der Tür. Ein Feigenbaum wächst darin: „Den hab ich selbst großgezogen aus einem Samen, den ich von unserer Israel-Reise mitgebracht habe. Samen von der Jordanquelle im Norden Galiläas." Ich erinnere mich gut an diese Wanderung im grünen Park, es war fast wie im Urwald. Ein durch die Quellen unglaublich fruchtbarer Ort. Aber wie kommt der kleine Feigenbaum jetzt hierher, in diesem Blumenkübel vor der Tür? Die Flut hatte ihn tatsächlich stehen gelassen. In der Nachbarschaft sind Autos weggeschwommen und die Wucht des Wassers hatte unmittelbar vor der Tür die Brücke weggerissen. Der kleine Feigenbaum aber blieb stehen, in seinem Blumenkübel. Jetzt wächst er weiter. Und trägt vielleicht auch bald Früchte …

Iris und Martin

Die beiden habe ich gezielt gesucht und besucht. Im April war ihr Sohn Malte zur Erstkommunion gegangen, wir haben unser „Sonntagswort" zum Weißen Sonntag mit der ganzen

3 Dass Helfen und Helfer problematisch sein können, zeigt sich an Markus W. vielleicht am deutlichsten. Hierzu später noch ein Abschnitt.

Familie gedreht. Ihr Sohn war einer der wenigen, die schon so früh im Jahr, als noch Lockdown wegen Corona war, dieses Fest an dem Tag gefeiert haben, an dem es Generationen von Kindern gefeiert haben: am Sonntag nach Ostern. Die Arbeiten an dem kleinen Videoclip, der auf YouTube sehr oft angeschaut wurde, haben uns allen viel Freude gemacht.

Iris und Martin erziehen ihre beiden Jungs christlich. Martin ist evangelisch und hat in seiner Heimatgemeinde sehr viel mitgearbeitet, jetzt ist er in der Kapellengemeinde seines neuen Heimatortes engagiert. Er spielt schon mal die Orgel, und die Familie ist immer bereit anzupacken, wenn sie gefragt wird. Iris und Martin haben das Elternhaus von Iris, das schon ihre Großeltern gebaut haben, übernommen und mit viel Liebe über etliche Monate restauriert und umgebaut. Ihr Haus liegt keinen Steinwurf von der Ahr weg. Wie es ihnen wohl ergangen ist?

Ihre Haustür steht offen, es sind Helfer da. „Wo sind denn die Hausherren?“, frage ich vor der Tür. „Im Keller“. Also gehe ich die Treppe runter – und finde die beiden im hintersten Raum. Die Freude ist riesig, dass wir uns sehen. Ja, es sind alle wohlbehalten. Aber es war knapp … Wie knapp, das erzählen sie mir:

Sie haben gehört, dass das Hochwasser kommt. Daher fahren sie am frühen Abend die Autos in die nächste Parallelstraße, ein wenig höher eben, weg von der Ahr. Am späteren Abend hören sie, wie das Wasser kommt. Der Keller ist ganz schnell voll und die Straße vorm Haus geflutet.

Was tun? Im Haus bleiben? Sie wollen zu den Autos, die nicht weit weg stehen, und wegfahren. Doch als sie auf der Straße sind, kommt die Flutwelle. Sie rennen, rennen um ihr Leben. In beide Autos steigen? Mit zwei Autos losfahren? – Nein! Sie entscheiden: „Wir bleiben zusammen.“ Die Kinder werden angetrieben, sich zu beeilen. Es wird immer bedrohlicher, die Welle kommt hörbar näher … Sie erreichen das Auto, steigen ein und rasen vor der Flutwelle davon – so schnell, wie es eben auf der bereits überfluteten Straße möglich ist. Sie wissen, im Auto sind sie keineswegs in Sicherheit, mit solcher Wucht und Schnelligkeit steigt das Wasser. Noch mal haben sie Todesangst ... Bloß ja die richtigen Straßen finden, die wegführen von der Ahr – aber die ersten sind schon verstopft, mit Geröll und noch mehr Wasser. Doch Martin findet eine Straße. Sie flüchten auf die Umgehungsstraße, Richtung Weinberge. Sie sind in Sicherheit.

Diese Nacht wird sie lange begleiten. Vor allem die Bilder im Kopf. Und jetzt, an ihrem Haus, ist da so viel Arbeit, es kostet so viel Kraft. Körperlich wie seelisch.

Ein halbes Jahr später, an Silvester, wird nach Malte und Christian ihr drittes Kind geboren: Matthias Jonas. Wenn ich richtig rechne, dann war der kleine Mann in der Flutnacht mit dabei. Und ich wage mir kaum auszudenken und vorzustellen, welche Verantwortung und damit auch Sorge während der Schwangerschaft, auf die die Eltern sich so gefreut haben, nach den Ereignissen der Flutnacht bestand und bis heute für die Familie besteht: eine zerstörte Welt, die Zukunft im Dunkeln, die Heimat und das eigene Haus ein Trümmerhaufen. Da werden Lebenswunder und Elternfreuden zur schweren Aufgabe. Doch die sind fürs Erste geschafft! Matthias heißt übersetzt: Geschenk Gottes.

Ein Fotograf

Von einem Fotografen, der mich zusammen mit einem Reporter-Kollegen durch die Straßen begleitet, möchte ich erzählen. Wir klettern durch die Müllberge in der Fußgängerzone: Alle Geschäfte werden dort ausgeräumt. Alles, was drin war an Ware, Vorrat, an Einrichtung. Das alles kommt raus, muss raus. Es ist nicht mehr zu unterscheiden, wenn es im Wasser oder besser gesagt im Schlamm war: Alles ist braun, stinkt. Die Möbel, Regale, Schränke – alles liegt auf der Straße, wo auch sonst?

Nach sechs Monaten werden es nach Angaben der Kreisverwaltung 400.000 Tonnen unsortierter Restmüll sein, die abtransportiert wurden. Das ist so viel, wie sonst in 40 Jahren zusammenkommt.

Das Durchkommen ist ein echtes Abenteuer. Wir suchen uns zu dritt unseren Weg, ich in Gummistiefeln, kurzen Hosen und Priesterhemd – weil ich die Situation hier ja kenne. Die anderen sind nicht ganz so passend ausgerüstet. Der Fotograf wird immer schweigsamer, fotografiert, sucht so gut es geht Blickwinkel, die die Situation einfangen. Er war schon in vielen Teilen der Welt und hat Bilder für Reportagen geliefert. Gute Bilder. „Ich hab so was noch nie gesehen“, sagt er auf einmal in einer stilleren Seitenstraße. „Das einzig Vergleichbare, was mir dazu einfällt, ist Afghanistan!“

Noch ein Fotograf

Ein anderer Fotograf will für eine Reportage Bilder von mir. Ich bestehe darauf, dass es nicht Bilder von mir allein sind, sondern mit Menschen. Denn das ist mein Dienst in diesen Tagen: Ich will bei den Menschen sein.

Etwas widerwillig geht er darauf ein. Wir sind in einer Straße. „Aber da ist doch niemand …“, wirft er ein. „Warte nur!“ Wir gehen keine zehn Meter auf der wirklich menschenleeren Straße weiter, da steht plötzlich ein ganzer Trupp Menschen auf einem Hof und winkt: „Herr Pastor! Dass Sie uns besuchen!" Wir begrüßen uns herzlich, trotz der schmutzigen T-Shirts und Hosen. Schließlich arbeiten wir ja alle im Schlamm und Dreck.

Die Menschen erzählen ihre Flut- und Nach-Flut-Geschichte. Von den Helfern, die sie hatten. Und von dem Glück, dass sie so schnell wieder Trinkwasser hatten.

Die Bilder erscheinen später in einer deutschen Tageszeitung, denn natürlich willigen alle ein, als der Fotograf am Ende fragt, ob er die Bilder, die er aus dem Hintergrund aufgenommen hat, veröffentlichen darf.

Die Gebäudesituation unserer Pfarreien nach der Flut

„Mit tödlichem Tempo füllten schlammige Wasser die Häuser ..."

Wie sieht es mit den Gebäuden der Kirchengemeinden aus? – Auch darum hatten wir uns als Seelsorgerinnen und Seelsorger sehr schnell zu kümmern. Natürlich waren die Menschen das Wichtigste. Ihnen galten unsere vorrangige Sorge und praktische Unterstützung. Wie es ihnen geht, wo wir konkret helfen können. Und doch mussten wir uns auch um die Immobilien kümmern. Wir haben zwar keine Architektinnen und Architekten in unserem Kreis, aber mit Gertrud eine Frau, die aktuell beruflich Kenntnisse hat und auch an ihrer vorigen Arbeitsstelle ganz viel mit Gebäudefragen zu tun hatte, und mit Arno nicht nur einen Mitbruder, sondern eben auch einen studierten Kunsthistoriker mit gutem Blick. Die beiden haben sich auf die mühsamen Wege gemacht und die Kirchen, Kapellen, Pfarrhäuser, Kindergärten und Pfarrheime aufgesucht.

Die Berichte, die sie mitbrachten, waren verheerend. Kirche ist eben – wie es das griechische Wort (pareukia) für Pfarrei (Haus) besagt – bei den Häusern. Und so wie die alle zerstört sind, sind es auch die Kirchen und kirchlichen Einrichtungen. Im Einzelnen stellte sich die Situation, von West nach Ost, folgendermaßen dar:

- Die 250 Jahre alte *Kapelle in Walporzheim* steht genau an der Stelle des Dorfes, wo die Flut mehrere Meter hohe Schuttberge in die Straße geschoben hat. Das Wasser stand fast zwei Meter in der Kapelle. Aber sie steht! Das ist fast schon ein Wunder angesichts der Wassermassen, die genau dort angeprallt sind. Vom Inventar wird außer den Bänken und den Figuren an den Wänden kaum etwas zu retten sein, auch nicht der ganz neue Sakristei-Schrank mit all seinem Inhalt.
- Die 750 Jahre alte *Pfarrkirche St. Laurentius in Ahrweiler* war mehr als einen Meter geflutet, die Holzpodeste quellen sehr bald auf und werden entfernt. Es kommen alle Bänke raus, die Kunstwerke, die Seitenaltäre, sogar der Altar, an dem die Messe gefeiert wurde, wird fachmännisch abgebaut. Helfer entfernen den kompletten Steinboden, die Sakristei wird entkernt. Der Tabernakel blieb trocken – und so brennt das Ewige Licht als Zeichen, dass Jesus Christus in der Kommunion dort ist, all die Wochen, auch während der Bauarbeiten. Ein schönes Bild: Wenn wir alle in Provisorien und im Chaos leben, braucht es für Jesus keine andere Wohnung.
- Auch die anderen *kirchlichen Gebäude in Ahrweiler* sind betroffen: die Bücherei, der Pfarrsaal „Zehntscheuer", die Mietwohnungen von Organist und Küster. Sie werden wie alle anderen Häuser von freiwilligen Helfern auf den Status

Rohbau zurückgesetzt. Am Pfarrhaus verlief die Grenze der Flut: Das Wasser lief vorne durch die Tür rein, hinten wieder raus und fand den Weg in die Besprechungsräume und das Pfarrbüro. Doch diese Räume, auch wenn klar ist, dass die Böden raus müssen, können in den kommenden Wochen weiter genutzt werden.

- Um das *Altenheim St. Maria-Josef* in der Innenstadt von Ahrweiler muss sich laut Pachtvertrag bei Naturkatastrophen der Betreiber und Pächter, die ctt-Gruppe, kümmern. Alle Bewohnerinnen und Bewohner mussten kurz nach der Flutnacht evakuiert werden, denn ohne Wasser, Strom und Küche kann die weitere Versorgung nicht gewährleistet werden. Der Aufbau wird bis Ende 2023 veranschlagt. Es ist Gott sei Dank in der Flut niemand zu Schaden gekommen.
- Die kaum 60 Jahre alte *Pfarrkirche St. Pius* hat es am härtesten getroffen. Hier stand das Wasser bis unter die Orgelempore. Die Flutmassen haben die schweren Bronzetüren eingedrückt, die Bänke drinnen sind ein einziges Chaos, der Schlamm steht stellenweise fast kniehoch. Ob der Turm an der einzigen noch passierbaren Brücke unterspült wurde und ob er noch standfest ist, beschäftigt einen halben Nachmittag unser Team auf der Suche nach Fachleuten und in Absprachen. Verkehrssicherheit und Verantwortung des Eigentümers werden durch die Flut zur dringlichen Frage. Am Ende steht fest: Der Turm kann erst mal stehen bleiben.
- In den kommenden Wochen werden die ebenfalls stark beschädigten *Gebäude um die Pius-Kirche* herum als wirtschaftlicher Totalschaden beziffert. Eine ungeheuer schmerzliche Nachricht für alle. Gott sei Dank ist von der syrischen Familie, die im Pfarrhaus wohnte, wo das Wasser fast bis an die Oberkante der Türen stand, niemand zu Schaden gekommen. Das Haus bleibt unbewohnbar. Der Kindergarten

ist völlig verwüstet, das Pfarrheim in beiden Stockwerken voll Schlamm.

- Die *Hemmesser Kapelle* an der Hauptstraße ist ebenfalls schwer beschädigt. Doch die an der Kapelle stehende 500 Jahre alte Linde hat keine erkennbaren Schäden davongetragen.
- Die mächtige *Rosenkranzkirche in Bad Neuenahr*, Baujahr 1904, wurde ebenfalls geflutet. Das Wasser stand hier bis unter die Sitzbänke. Es zeigen sich Absenkungen im Boden, ausgerechnet an einem der mächtigen Vierungspfeiler. Wie schon in St. Pius gibt es ein Begehungsverbot, bis Sachverständige – zuerst vom THW, dann Architekten – das Gebäude und die Schäden begutachten – und die Standfestigkeit bestätigen.
- Das *Pfarrbüro in Bad Neuenahr* ist komplett geflutet, fast bis unter die Decke. Die wesentlichen Dokumente wie Kirchenbücher, Verträge, Protokollbücher werden geborgen, in den Landesarchiven getrocknet und so für die Wiederverwendung aufwendig gesichert. Das Pfarrhaus, eine alte Jugendstilvilla, ist durchnässt, muss komplett geleert und auf Rohbau gesetzt werden. Das alte Pfarrhaus ist an einen Arzt vermietet, der seine Praxis schnell wiederherstellen muss, denn fast alle Praxen der Stadt sind schwer betroffen, und die Versorgung der Bevölkerung muss gewährleistet werden. Er nutzt den ersten Stock, baut blitzschnell um und saniert das Nötigste – eine Riesenherausforderung auch für die Ehrenamtlichen aus dem Verwaltungsrat. Das Küsterhaus kann nicht gerettet und muss abgerissen werden. Über die weitere Verwendung des ebenfalls in zwei Etagen gefluteten Pfarrheimes wird lange beraten.
- Der *Kindergarten „Blandine-Merten-Haus"*, den die Pfarrei zusammen mit der Stadt führt, liegt nahe an der Ahr. Das

Ergebnis der ersten Sichtung wird schließlich durch eingehende baufachliche Untersuchungen bestätigt: Das Gebäude wird abgerissen.

- In Heimersheim haben die Fluten knapp vor der Kirche haltgemacht. Das Pfarrheim und der Kindergarten liegen deutlich im Flutgebiet, auch das ehemalige Altenheim wird in Keller und Erdgeschoss von der Flut getroffen. Hier wird die Planung des Neubaus von Altenheim und Pfarrheim hoffentlich jetzt umgesetzt. Der Kindergarten wird ebenfalls neu gebaut, ganz in der Nähe.

Die Sichtung ergibt: 22 der insgesamt 33 kirchlichen Gebäude wurden geflutet. Die ersten Schätzungen der Bistums-Architekten gehen von einem Kostenvolumen von 20 Millionen Euro aus. Dass quasi nebenbei auch die Wertgegenstände aus den Sakristeien gesichert wurden, die Gewänder zur Reinigung gebracht wurden, sei hier nur am Rande erwähnt. Auch wenn dies einen nicht unerheblichen Zeitaufwand bedeutete, der ohne tatkräftige Mithilfe (z. B. von Andreas, Alexander, Patrick, Harald und anderen) nicht möglich gewesen wäre.

Es folgen viele Wochen der völligen Ungewissheit, wie diese Kosten zu tragen sind. Und wer die Aufträge, die allein zur Gefahrenabwehr erteilt werden mussten, bezahlen wird. Viele Gerüchte gehen in dieser Zeit durch die Stadt. Sie erzählen vom bevorstehenden Abriss der Rosenkranzkirche oder der Pius-Kirche.

Das Bauvolumen übersteigt alle pfarrlichen Möglichkeiten. Die wenigen Ehrenamtlichen, die sich kümmern können, weil sie und ihre Familien von der Flut nicht ganz so stark getroffen sind, leisten in den kommenden Wochen und Monaten in der Verwaltung sowie bei der Aufsicht der Gebäudekomplexe ungeheure Arbeit. Es geht über das hinaus, was leistbar ist.

Zum Jahreswechsel wird eine Leitungskraft für Immobilien, Aufbau und Geschäftsführung durch das Bistum eingestellt und damit Entlastung geschaffen in diesem Mammutwerk: Norbert startet am 1. Februar 2022. Auch im Immobilienmanagement wird mit Michael ein ausgewiesener Fachmann gefunden und angestellt.

Die weitere Verwendung der Gebäude, der Aufbau und die Finanzierung begleiten die Verantwortlichen seit den ersten Tagen der Flut.

facebook – 28. Juli 2021

Vor genau 14 Tagen kam die Flut

Ich war an der Feuerwehr ... genau in diesen Minuten ... um kurz nach 23 Uhr. Hab noch die letzten Sandsäcke vor die Tür gelegt ... Und dann kam das Wasser so rasend schnell, dass ich im Ahrtor nur noch knapp durchs hüfthohe Wasser kam ... 😧.
Seither ist unsere Welt eine andere. Die Bilder gehen um die Welt, Geschichten werden erzählt, Unbegreifliches wird versucht zu sagen ....
14 Tage erst? Es ist so dicht, dass es viel länger erscheint: Wochen, Monate ... Und jetzt:
* Es ist deutlich spürbar und erlebbar, dass die Strukturen greifen! Ich hab heute Morgen über Wasser im Haus gejubelt: Die Toilettenspülung geht wieder. Morgen kann ich kalt duschen!
* Erleben wir nicht gerade, wie wir eigentlich leben wollen? Achtsam aufeinander. Dankbar für die kleinen Dinge und für das, was uns sonst selbstverständlich ist. Mit viel Vertrauen aufeinander. Jede/r gibt, was er/sie kann. Packt an. Hilft, wo Not ist, und fragt nicht erst: Warum? Solidarität schweißt zusammen. Verletzlichkeit auch:

Alle sind angerührt, verwundet: Wir, die wir hier leben, und die aus der ganzen Republik, die hier helfen und nicht ungerührt wieder gehen.
Ob das etwas ist, was wir retten können ... in eine Zeit, wenn uns das Wasser nicht mehr bis zum Hals steht?

Das erste Mal

Wenn die Welt im Chaos liegt, dann gibt es viele erste Male.
Die sich einbrennen ins Gedächtnis:
Die ersten Schritte am Morgen nach der Flut –
im Vorgarten, durch dicken Schlamm.
Die ersten Bilder der Zerstörungen auf dem Marktplatz.
Die ersten Flut-Autos: auf der Seite, auf dem
Dach – hochkant in Blumenbeeten.
Die ersten weinenden Nachbarn –
und wie wir uns umarmten.
Die ersten Feuerwehrkräfte aus dem Wester-
wald – mit Booten auf dem Marktplatz.
Die Ersten, die den Schlamm aus ihren Häusern schippen.
Die ersten Sirenen und Martinshörner.
Die ersten zerstörten Mauern – und
die ersten zerstörten Häuser.
Der erste Blick in die Laurentiuskirche.

Und später:
Jedes erste Mal in einem Ortsteil, in einer Straße,
jedes Mal die gleiche Fassungslosigkeit. Tränen.
Jedes Mal. Jedes erste Mal:

Das erste Mal in Walporzheim.
Das erste Mal in Neuenahr.
Das erste Mal in der Rosenkranzkirche.
Das erste Mal auf dem Ahrtorfriedhof.
Das erste Mal die Schuttberge vor den Häusern.
Und dann diese Schuttmassen an den Stadttoren,
unter Brücken, auf Sportplätzen.
Der erste Name eines verstorbenen Menschen.
Die erste Bekannte.
Das erste Mal die Ahr.
Und jeder neue Blick: Ich kenne sie nicht wieder.
So viele, die ich zum ersten Mal wieder treffe ... wir leben.
Der erste Panzer in der Stadt.
Die erste Fahrt Richtung Dernau – und die Ahr
hinter Walporzheim, die zerstörten Brücken, die
Eisenbahnschienen, die in der Luft hängen.
Die erste Beerdigung eines Flutopfers.

Und dann die dankbaren ersten Male,
die zeigen, dass dem Chaos Leben abgetrotzt wird:
Die erste Messe am Sonntag drei Tage danach
im Hofgarten des Calvarienberges.
Das erste Frühstück bei Freunden.
Die erste warme Dusche.
Die ersten Helfer.
Der erste Strom im Haus, wenn auch zuerst nur als Bau-
strom in einer Steckdose. Und als Licht im Wohnzimmer.
Die Ersten, die uns Essen in die Stadt bringen. Kostenlos.
Das erste Mal den eigenen Wasserhahn auf-
drehen und es kommt Wasser.

Dann wieder Stromanschluss – und die erste
eigene warme Dusche (Freunde von mir mussten
über 100 Tage auf dieses Erlebnis warten).
Die erste Brücke, die wieder gebaut ist,
mit Tränen fahre ich darüber.
Die Kindergärten und die Schulen öffnen nach den Ferien.
Die erste Sonnenblume am Ahrufer.
Der erste Zug, der Baumaterial für die Bahnlinie bringt.
Das erste Geschäft, noch in improvisierten
Räumen oder Containern.
Das erste Restaurant.
Der erste Glühwein auf dem improvisierten
Weihnachtsmarkt am Calvarienberg.
Das erste Glockenläuten.

Es sind vor allem diese lichtvollen ersten Male, die oft gefeiert werden mit einem inneren Jubelruf, einem Stoßgebet, mit Dank zum Himmel, die Hoffnung machen. Denn sie alle zeigen: Das Leben ist stärker. Das Chaos weicht der Ordnung, und jeder Schritt in Richtung Normalität erleichtert uns das Leben. Wir haben der Katastrophe wieder ein Stück Leben abgetrotzt.

Ich möchte diese Dankbarkeit nicht verlieren. Deshalb habe ich ein DIN-A4-Blatt mit „Danke" in die rechte untere Ecke der Windschutzscheibe meines Autos geklebt. Es sind keine Selbstverständlichkeiten, an die wir gewöhnt sind. Nichts davon muss so bleiben. Es ist geschenkt. Jeden Tag neu. Dankbarkeit öffnet das Herz. Vertreibt Jammern und Kummer. Lässt Glück erahnen.

facebook – 1. August 2021

Die Tage sind immer so voll ...

* Gestern ein wunderbares Helfer*innen-Fest in Heimersheim. Eine Dorfgemeinschaft, die es spürbar schafft: zusammenhalten, mit großer Hilfe, Solidarität ist riesig!!! – Mit dem Wunsch sie zu retten für die Zeit „danach".
* Heute Kirmes in Ehlingen. Messe an der Hubertus-Kapelle mit 150 Personen: Jung und Alt, Junggesellen, Flutopfer und Trockengebliebene, Helfer, ... Es tat einfach gut, auch mir! „En unserem Veedel, denn he hält mer zesamme, ejal wat och passeet."[4]
* Im Bereich der Beerdigungen geht es voran: Es ist geklärt, dass die Trauerfeiern beginnen können – und dann auch überall, außer am Ahrtorfriedhof (wobei hierhin später kostenlose Umbettungen möglich sind). Wir werden würdige Verabschiedungen feiern, für jede/n eine eigene. Sterbeämter werden wir auf später verschieben, denn uns fehlen ja auch die großen Kirchen. Wir aus dem Seelsorgeteam der Stadt wollen mit allen Angehörigen in Kontakt treten – und unsere Anteilnahme zeigen. Bei der Beerdigung selbst werden uns erfahrene Seelsorgerinnen und Seelsorger aus dem Bistum unterstützen. Wir hoffen hier sehr auf das Verständnis, angesichts der großen Zahl der Toten.
* Der Ahrtorfriedhof ist ein echtes Symbol der Zerstörung. Ich selber habe drei Tage gebraucht, bis ich nach den Bildern auf dem Handy zum ersten Mal dort stehen konnte – und geweint habe. Nun fragen immer mehr Leute, wie es damit weitergeht. Ein sehr sensib-

4 Aus einem Lied der Kölner Band Bläck Fööss. In Hochdeutsch etwa: „In unserem (Stadt-)Viertel, denn hier halten wir zusammen, egal, was auch passiert."

les Feld, denn einmal haben sicher die Lebenden und der Schutz des Lebens deutlich Vorrang, gerade wenn jede helfende Hand gebraucht wird. Zum anderen liegen dort geschätzt 80.000 Kubikmeter Schlamm, 30.000 Kubikmeter Holz. Es wird jetzt, so ist es mit der Stadtverwaltung abgesprochen, täglich zwei Stunden geben, in denen Angehörige zu den Gräbern ihrer Lieben können. Der Friedhof ist abgesperrt.

Und hier gab es schon wieder einen unschönen Auftritt der braunen Spalter aus der Querdenker-Szene[5] – die ein unglaubliches Gespür für die Stimmungen unter uns haben und diese ausnützen, um ihre Botschaft vom Versagen anderer, von Schuldzuweisungen und Unvermögen zu streuen. Da war doch wirklich eine Gruppe, in der auch zwei schwarzgekleidete Männer – Priester (?) – waren, auf dem Friedhof und hat die Menschen aufgestachelt: Dass da doch endlich was geschehen muss, es wäre doch pietätlos und endlich Zeit, dass was geschieht ...

Es ist echt zum Kotzen, wie hier berechtigte Sorge um die Gräber der Lieben aufgewiegelt wird. Gute Information und auch Begleitung durch uns Seelsorger*innen auf dem Friedhof (soweit wir sie täglich leisten können) wird dem wohl Abhilfe schaffen. Von uns waren diese schwarzen Männer jedenfalls nicht!!!

---

5 Es gab in den ersten Tagen nach der Flut die Besetzung der Grundschule Ahrweiler durch Gruppen, die dem rechten bzw. rechtsextremen Spektrum zuzurechnen sind. Als großzügig Helfende mit Hilfsangeboten von Sachspenden aller Art bis zu Kinderbetreuung und medizinischer Versorgung versuchten sie, die Bevölkerung für sich einzunehmen, aber auch die Gesellschaft zu spalten. Umfangreiche Recherchen der Presse, z. B. der „Tagesschau“, konnten Kontakte in die Querdenkerszene öffentlich machen. Nachdenklich stimmten vor allem die hervorragende Organisation und die finanzielle Ausstattung.

* Ob wir schon nach vorne schauen können? Es ist wohl noch zu früh, wenn man noch bis zum Hals im Wasser steht und das Ufer noch in einiger Entfernung ist. Und doch müssen wir uns darum Gedanken machen, wie das, was eben nicht zu reparieren ist, NEU werden kann ... Wir brauchen am Ufer auch Träume, die Wirklichkeit werden können.

Noch ist das Ausmaß der Verwüstung längst nicht bei mir angekommen, und es gibt immer neue „Bilder", die mich schockieren und weinen lassen. Aber: Wir wollen hier Heimat gestalten. Und ich hoffe, sie ist schöner, sozialer, umweltfreundlicher, verbundener als das, was die Flut weggerissen hat.

Ahrtorfriedhof

Die Bilder dieses Friedhofs gehören zu denen, die um die Welt gehen: die Friedhofskapelle, die Berge von Geröll, dazwischen die umgestoßenen Grabsteine und der Lieferwagen eines Handwerkers, von der Flut hier „abgestellt". Der Friedhof hat keine Mauern mehr, ganze Grabfelder sind unter dem Flutgeröll begraben, während andere nahezu unbeschädigt sind. Soldaten werden den Friedhof aufräumen, 50 Mann in zwei Wochen: Wege bahnen mit kleinem Gerät und viel Handarbeit, um nicht noch mehr zu zerstören. Die Schuttmassen abtransportieren. Gräber, soweit es möglich ist, freilegen. Kreuze und Platten zurückbringen, wenn sie gefunden werden. Grablampen und -schmuck zentral zusammentragen. Während die Männer arbeiten, ist der Friedhof abgesperrt, was gut so ist.

Dann wird der Friedhof zum Besuch geöffnet, zuerst nur für Stunden am Abend. Tagsüber hätte ohnehin keiner Zeit, dorthin zu gehen. Nicht alle trauen sich. Die, die kommen, suchen ihre Gräber, sind angerührt, weil es kein Grab mehr gibt. Oder weil es doch noch fast heil ist.

Seelsorgerinnen und Seelsorger beider Konfessionen sind in diesen Stunden des Herantastens an die Katastrophe da. Denn das Bild trifft es ja: Der Friedhof ist als „heiliger Ort“ ein Symbol für die Zerstörung und spiegelt das wider, was eigentlich nicht zu fassen ist.

An Allerheiligen segnen wir die Gräber auch auf diesem Friedhof. Es wurde viel intensiver als sonst in anderen Jahren.

facebook – 6. November 2021

Was machen wir da eigentlich?

Ich schlage unsere Bistumszeitung Paulinus auf. Und finde ein Bild von Allerheiligen. Gräbersegnung. Ahrtorfriedhof. Der Fotograf von KNA, Harald Oppitz, hat uns begleitet und aus dem Hintergrund Fotos gemacht.

Allerheiligen ist emotional, immer „schwer“: so viele Gräber – von Menschen, die ich beerdigt habe; so viele Namen, die ich kenne, auf den Grabsteinen; so viele Schicksale, an die ich mich erinnere – und so viele Menschen auf dem Friedhof, die ich gut kenne.

Dass es dieses Mal noch mal besonders war, hab ich schon geschrieben. Als ich das Foto sah, dachte ich: Was machen wir da eigentlich? Ich stehe auf dem Friedhof, an einem Grab, das völlig zerstört ist. Das, was mir einfällt zu diesem Bild ist: wie im Krieg, die völlig zertrümmerte Grabplatte ... Die Wege, so gut es geht, hergerichtet und doch: Pfützen, Schlamm, Stolpersteine, ... So sieht es auf nur wenigen anderen deutschen Friedhöfen aus.

Wir haben uns daran gewöhnt, dass es bei uns so ist ... „wie nach einem Krieg"... und wir bauen Stück für Stück daran, dass wieder Ordnung reinkommt. Konkret, dass die Wege wieder begehbar sind. Dass die Gräber wieder ansehnlich sind. Dass wir das Chaos sortieren. Dass das Leben wiederkommt.
Was machen wir da eigentlich? – Wir geben dem Leben Raum. Und ich darf das segnen. WOW! Welch mutige Geste! Das wird mir erst bei dem Foto richtig bewusst. Segen heißt: Gott ist da. Das ist eben auf jedem Friedhof und an Gräbern schon „stark" – und kostet Kraft. An zerstörten Gräbern zu segnen, ist eigentlich noch viel stärker. Auch da ist Gott dabei, mittendrin, nicht weit weg ... auch an diesem Grab, mit seinen zertrümmerten Platten, genauso wie an denen, wo Lichter brennen, Blumen blühen: Gott ist da.
Manchmal braucht es den Blick von außen, um besser zu verstehen, was wir da eigentlich machen. Glauben bezeugen mitten im Tod. Danke, Harald Oppitz – für den Perspektivwechsel!

Ein paar Wochen nach Allerheiligen können auch wieder Beerdigungen auf dem Ahrtorfriedhof gefeiert werden. Auf allen anderen Friedhöfen der Stadt war das schon früher wieder möglich. Jetzt also auch wieder dort, wo die Flut so viel verwüstet hat.

Das Aufräumen ist schon weit vorangeschritten. Viele Gräber sind für die Totengedenktage hergerichtet. Doch es gibt noch ein paar wenige Bereiche des Friedhofs, auf denen keine Gräber mehr erkennbar sind. Hier hat die Flut alles mitgerissen, selbst die Umrandungen. Diese Gräber müssen von einem Vermessungsbüro neu ausgemessen werden. Das kostet Zeit, weil es so viele Anfragen gibt an diese Fachleute. Allerdings können sie ihr Versprechen im Dezember einlösen.

Es gibt Angehörige, die mit der Urnenbestattung ihres Verstorbenen bewusst viele Wochen gewartet haben, weil für sie eine Bestattung auf einem anderen Friedhof nicht infrage kam. Andere haben sich schon mit einem Gottesdienst in der „Ersatz-Kirche" auf dem Calvarienberg von dem Verstorbenen verabschiedet, warten aber noch mit der Beisetzung.

Das alles sind zusätzliche Belastungen, die zum Tod noch dazukommen. Die Flut hat die Menschen ja schon unter extreme Belastungen und Abschiede von Hab und Gut gestellt. In dieser Zeit auch noch einen lieben Menschen verabschieden zu müssen, macht es deutlich schwerer als „sonst im Leben". Und wenn sich dann noch eine Beerdigung verzögert, ist das ein weitaus größerer seelischer Kraftakt.

Pressearbeit – warum?

Wir werden ganz oft am Tag angerufen. Meine wie auch die Telefonnummern der anderen Seelsorgerinnen und Seelsorger stehen im Internet. Ich habe immer Wert darauf gelegt, dass wir erreichbar sind.

In den ersten Tagen erreichen uns gefühlte hundert Hilfsangebote, die wir kanalisieren und an die entsprechenden Stellen weitergeben. Hier bin ich Patrick aus Lantershofen und danach Christiane aus Wittlich zu großem Dank verpflichtet. Sie haben in den ersten Wochen alle meine Anrufe entgegengenommen, beantwortet, die Anliegen weitergeleitet und Anfragen bearbeitet. Es war eine Riesenentlastung, dass sie da waren.

An jedem Morgen wurden gemeinsam sehr schnell die verbliebenen Aufträge abgearbeitet. Ein Hintergrunddienst, der nicht hoch genug eingeschätzt werden kann.

Auch die Presse meldet sich. Sollen sie kommen? Mit uns gehen? Durch die Straßen? Einfach dabei sein – morgens in unseren Besprechungen und nachmittags auf den Straßen? Wir werden oft angefragt. Eine solche Pressearbeit ist ein völlig neues Feld für uns. Wann haben wir denn mal Interviews gegeben? In der ersten Zeit sind es oft drei bis vier Anfragen pro Woche, aus der ganzen Welt. Die Reporter sind einfach da, nehmen an unseren Teamsitzungen teil, gehen nachmittags mit uns ... Eindrückliche Szenen müssen wir nicht suchen gehen, die ergeben sich, wenn wir Menschen begegnen und diese anfangen zu erzählen ... von der Flutnacht, den Kämpfen und der Todesangst. Oder wenn wir die zerstörten Häuser sehen und nach der Familie fragen ...

Gute Reporter stellen gute Fragen. Sie helfen mir sehr, das, was ich erlebt habe, zu verstehen, zu deuten. Und so einzuordnen und zu verarbeiten, denn das müssen wir auch als Seelsorgerinnen und Seelsorger. Ich erinnere mich sehr gut und gern an die Gespräche mit Matthias, mit Tobias, mit Christian. Ihre Berichte sind gelungen, ich fühle mich verstanden, wenn ich ihre Reportagen lese. Und ich habe mich selbst mehr verstanden in einer Zeit, in der wenig Zeit zum Reflektieren blieb.

Aus den Filmaufnahmen mit Matthias und seinem Filmteam entsteht nicht nur ein wirklich guter Fernsehbeitrag über die ersten100 Tage, auch können wir durch ihn besser verstehen, was wir durchleben. Weil die Fragen der Interviews uns selbst über das Erlebte nachdenken lassen.

Und noch aus einem weiteren ganz wichtigen Grund machen Heiko, Johanna und ich immer wieder diese Pressearbeit: Die Not der Menschen im Ahrtal muss in unserem Land in

Erinnerung bleiben, denn wir sind noch lange nicht fertig mit dem Aufräumen – oder gar mit dem Aufbau. Wir brauchen noch so viel Unterstützung.

Was wir dabei vermitteln wollen: Es ist unendlich viel zu tun, und es gibt so viel Hoffnung, so viel Zusammenhalt. Wir bauen an einer guten Zukunft. Diese Botschaft ist christlich.

Anfangs wundert es mich, dass wir in der Krise der deutschen Kirche als Kirche überhaupt gefragt werden. Dass wir ehrlich und authentisch sind in den Beiträgen, wird uns oft gespiegelt – und das lässt mich verstehen, warum die Nachfrage von Reportern so vieler Medien über lange Monate anhält.

Zu Weihnachten wird es noch mal viel für uns. Klar, alle wollen wissen und berichten, wie jetzt im Ahrtal Weihnachten gefeiert wird. Ich erzähle etwas später davon. Auch zum Halb-Jahrestag am 14. Januar gibt es viele Interviews. Und dann, als feststeht, dass ich in die Bundesversammlung gewählt werde, um den Bundespräsidenten zu wählen.

Dass wir dank guter Presseleute in allen Sparten im Bewusstsein unserer Bevölkerung bleiben, ist gut zu wissen und gehört für uns mittlerweile fast selbstverständlich dazu.

Die Not der Menschen im Ahrtal muss
in unserem Land in Erinnerung bleiben,
denn wir sind noch lange nicht fertig
mit dem Aufräumen –
oder gar mit dem Aufbau.
Wir brauchen noch so viel Unterstützung.

„Ich kann nicht mehr beten. Es geht nicht. Die vertrauten Worte passen nicht mehr." – Jörg Meyrer in der Kirche Sankt Laurentius in Ahrweiler.

Meine gewohnten Gebete verstummen,
meine Hände zu falten gelingt mir nicht.

So werfe ich meine Tränen in den Himmel,
meine Wut schleudere ich dir vor die Füße.

Stephan Wahl,
Ahrpsalm

facebook – 20. Juli 2021

Ich kann nicht mehr beten

Es geht nicht. Die vertrauten Worte passen nicht mehr. Es ist alles ver-rückt, auch mein Bild von und meine Beziehung zu Gott ...
Stephan, in deinen Worten* finde ich Worte für mein Herz.
Ich hab erst mal richtig geheult.
Dank dir für diese Solidarität im Heiligen Land!

* Am 20. Juli hat Stephan Wahl, Semesterkollege und Freund, seinen Ahrpsalm aus Jerusalem gemailt.

Vom Beten in schweren Zeiten

„Pastor von Ahrweiler kann nicht beten“, so lautete eine der Überschriften auf der Titelseite der „BILD am Sonntag“ zehn Tage nach der Flut. Ja, das habe ich so im Interview gesagt, aber ausführlicher geschildert, als es dann abgedruckt wurde. Die Hintergründe eignen sich eben nicht für Schlagzeilen.

Tatsächlich konnte ich in den Tagen nach der Flut nicht beten. Fürs Gebet hatte ich mir im Leben bestimmte Rituale geschaffen, die mir geholfen haben, meinen Alltag zu strukturieren und zu bewältigen. Denn auch vor der Flut war die Aufgabe als Pfarrer schon kein Sonntagsspaziergang.

Mein Ritual sah folgendermaßen aus: Morgens habe ich eine halbe Stunde in der Kirche gebetet, still, vor dem Allerheiligsten. Fast immer mit drei bis sieben Menschen, denen diese Zeit genauso wichtig geworden war wie mir. Dann haben wir um 7:45 Uhr das Morgenlob miteinander gebetet.

Um 8 Uhr konnte der Tag dann beginnen. Zuvor hatte ich schon im Bett die Lesehore gebetet, die immer mit einem Abschnitt aus einem aktuellen geistlichen Buch abgeschlossen wurde, was trotz der Frühe des Tages manchen guten Impuls gab für die Arbeit in der Pastoral. Abends hatten die Komplet mit dem Tagesrückblick und dem „Gebet der liebenden Aufmerksamkeit“ sowie ein paar Notizen im Tagebuch einen festen Platz. So konnte ich die Erfahrungen und Begegnungen des Tages noch mal einsammeln – und Gott abgeben. Das ist auch eine Form der Seelenhygiene, nicht nur bei anstrengenden und vollen Tagen. Aber, das alles ging nach der Flut nicht mehr.

Die Worte der so vertrauten Gebete und Psalmen waren stumpf geworden, passten einfach nicht mehr. Wie soll ich denn beten: „Der Herr ist mein Hirte, nichts wird mir fehlen.“ Auch das „Dein Wille geschehe ...“ aus dem Vaterunser kam mir nicht über die Lippen, wenn ich die Bilder der verwüsteten Stadt vor Augen, die Geschichten der Menschen im Ohr hatte. Es war aber auch schlicht keine Zeit dazu ... Ich bin morgens meistens zwischen 4 Uhr und 6 Uhr wach geworden und habe dann, wenn ich nicht mehr einschlafen konnte, die Aufgaben für den Tag sortiert. Abends ging es meistens bis Mitternacht, bis alle Nachrichten, Anfragen, Angebote, Hilferufe etc. auf dem Handy, über Facebook und Messenger beantwortet waren. Ich habe mir dann angewöhnt, meine Tagesgedanken bei Facebook noch einzustellen, das war eine neue Form von Tagesrückblick und Tagebuch schreiben, ein Abgeben des Tages.

Auch den Gebetsort Kirche gab es nicht mehr, dort stand der Schlamm wie in allen anderen Häusern. Die Bänke waren am

Anfang durcheinandergewirbelt – und bald überall abgestellt, weil der Holzboden raus musste, später auch der Fliesenboden. Doch der Herr war in der Kommunion noch im Tabernakel – so hoch kam das Wasser nicht. Gab es einen besseren Platz als „Wohnung" für ihn? Wenn er unser Schicksal teilt, dann braucht er keine glänzende Kirche, keinen Weihrauchduft um sich herum … Ich bin mir sicher, dass er zufrieden ist, wenn er so „wohnt" wie wir alle in diesen Monaten: zuerst im Schlamm, dann im Staub und Lärm der Bohrhämmer, dann im Rohbau – so sind alle Häuser im Flutgebiet. Er wollte nie was Besonderes. Das fing ja schon einst mit der Krippe an … und jetzt eben ein Rohbau.

Zurück zum Beten in schweren Zeiten: Mir fehlten einfach die Worte. Als mir dann am 20. Juli mein Semesterkollege und Freund Stephan Wahl den Ahrpsalm schickte und ich ihn morgens auf dem Handy las, musste ich weinen. Die Tränen liefen lange … Das waren Worte, die nicht stumpf waren, die meinem Erleben, auch meiner Sprachlosigkeit Stimme gaben, auch wenn ich selbst keinen Laut geben konnte.

Und mit Stephan habe ich auch das Wort vom „Samaritergebet" gefunden: Jesus erzählt im Lukasevangelium das Gleichnis vom Barmherzigen Samariter (Lukas 10,25–37). Zwei fromme Tempelangestellte kommen vom Dienst zurück, haben frei und gehen an der Not dessen, „der unter die Räuber gefallen ist", vorbei. Dann kommt ein Fremder, der sieht nach ihm, versorgt seine Wunden, packt an und hilft. Ohne zu fragen. Und diesen Fremden stellt Jesus als Vorbild heraus: Er hat das Gebot der Nächstenliebe und damit der Gottesliebe erfüllt – denn sie sind eins (siehe Markus 12,30–31).

So viele Tausende Menschen kamen zu uns in Ahrtal, haben geholfen, packten an – ohne zu fragen, ohne dass sie gerufen wurden – und haben uns, die wir „unter die Räuber gefallen waren", aufgeholfen. Ist in diesem Sinne nicht im Ahrtal so viel gebetet worden wie nie zuvor?

Und noch ein Aspekt zum Beten in schweren Zeiten: allein zu beten ging nicht. Das war zu schwer, da fehlten die Ruhe und Konzentration. Etwas, das ich auch aus „ruhigeren Tagen" kenne. Allein zu beten ist immer schwer, die Gedanken gehen dann noch viel eher auf die Reise. Und meine kleine Gruppe von Betenden, die sich am Morgen gefunden hatte, gab es jetzt nicht mehr. Wie tröstlich war es da, dass Freunde mich einige Male zum Frühstück in ihr „trocken gebliebenes" Haus eingeladen und vorher ein Morgengebet gebetet haben. Ich kannte es in dieser Form nicht, dieses Gebet war so etwas wie ein Familienerbstück für sie. Auch hier liefen Tränen, weil da andere gebetet haben und Worte hatten, die ihnen etwas bedeuteten, die für sie wichtig waren. Meine Seele konnte da ausruhen, sich fallen lassen. Ohne Worte.

Schon am Sonntag, also drei Tage nach der Flut, haben wir Messe gefeiert – draußen im Freien. Und in den Kirchen, die nicht geflutet waren. Uns als Seelsorgern war es wichtig, dass die Menschen in der Stadt wissen: Da wird gebetet. Wir haben nie erwartet, dass viele kommen würden, denn sie mussten ja alle in ihren Häusern arbeiten, sie leerräumen, alles wegschmeißen, gerade am Wochenende gab es so viel Unterstützung von außen ...

Das „offizielle Beten" als Priester in der Messe war da irgendwie ganz neu: Zwar sind auch hier die vertrauten Worte stumpf, aber ich habe sie gebetet.

Die Riten und einzelnen Abschnitte der Messe klingen für mich irgendwie „fremd": Können wir singen? Und dann sogar

Gloria singen: „Ehre sei Gott in der Höhe“? Was sagen die Bibeltexte? Fürbitten hatte jede bzw. jeder selbst eine Menge dabei, und es war berührend, was da laut wurde. Später in den kommenden Wochen auch bei der Einladung zum Danken … Und ich erlebte: Das Beten der anderen trägt, gerade wenn es dunkel ist.

Andere beten! Auch das ist mir beim Beten in den schweren Zeiten ganz neu deutlich und wichtig geworden. Etwas, das ich zwar vorher schon kannte, aber das ganz neue Qualität erhielt. Die Tradition der Kirche nennt es „Stellvertretung“, aber es bekam einen ganz neuen Klang. Ich hatte so viele Nachrichten und Zusagen, die lauteten: „Ich bete für euch!“, „Wir beten für euch!“ Ich habe mich immer sehr bedankt dafür und gesagt: „Das ist auch nötig. Damit wir durchhalten. Damit wir Kraft haben für diesen Marathon an Aufgaben.“

Wenn ich schon nicht beten konnte – zumindest nicht so, wie ich es gewohnt war –, so beteten doch viele andere für uns, und zwar in ganz Deutschland, in so vielen Ordensgemeinschaften, an einem Sonntag in jeder Messe im Land. Es gab Zusagen aus der Schweiz, aus USA, aus unserer Partnergemeinde in Pampa Huasi in Bolivien. Bischöfe versprachen ihr Gebet genauso wie Familienmütter, Kinder und Senioren, die selbst nicht mit anpacken konnten.

Wie ging es weiter mit „meinem Beten“? – Zum Stundengebet habe ich wiedergefunden, als ich nach Wochen bei einem Freund die erste Auszeit hatte. Wir haben zusammen gebetet, auch Messe gefeiert. Das hat Türen geöffnet. Auch dass ich mit einem Kollegen und zwei Frauen per Telefonkonferenz am Morgen und Abend beten darf, hat Gemeinschaft geschenkt. Mit den kleinen Schritten, die Normalität für unser Leben in der Katastrophe zurückeroberten, kam in kleinen Schritten auch das Beten zurück. Allerdings anders, weil ich anders geworden bin.

Nach einem halben Jahr haben wir uns auch in der kleinen Gruppe, die in der Kirche morgens gebetet hat, wieder zusammengefunden, zumindest Beate, Ulrike und Frank. Per Videokonferenz. Auch das geht.

Beten in schweren Zeiten?

- Es darf einem die Sprache verschlagen.
- Es ist normal, dass die Worte, die so vertraut waren, nicht mehr taugen.
- Es ist gut, dass andere dann beten.
- Es ist tröstlich, dass der Raum des Gebetes bleibt, auch wenn wir stumm werden.
- Das Danken ist eine wichtige Brücke.

Das Kruzifix an der Außenwand der Kirche Sankt Laurentius in Ahrweiler ist zum Gebetsort in der Hochwasserkatastrophe umgestaltet. Neben dem Kreuz steht mit Schlamm geschrieben „Herr hilf“, daneben steht ein Kerzenständer für Opferlichter.

Hörst du mein Klagen, mein verzweifeltes Stammeln, ist das auch ein Beten in deinen Augen?

Dann bin ich so fromm wie nie,
mein Herz quillt über von solchen Gebeten.

Stephan Wahl,
Ahrpsalm

Für die Menschen, nicht für die Kirche, aber als Mann der Kirche

Ob ich das alles für die Kirche mache, wurde ich in einem Interview gefragt. Damit die Menschen wieder mehr in die Kirche gehen, ergänzte Reporterin. Ich muss gestehen, dass ich die Frage zunächst überhaupt nicht verstanden habe.

Für die Kirche?
Die kurzen Nächte, die Planungen, die Gespräche, die vielen Projekte, die Telefonate mit Hilfen und Hilfsangeboten, die Anrufe bei den Angehörigen, die einen lieben Menschen in der Flutnacht verloren haben … Das mache ich doch nicht für „die Kirche". Das war keinen Moment meine Motivation oder Idee. Und das war auch zu keinem Zeitpunkt irgendeine Frage in unserem Team, das von Tag zwei der Katastrophe an versucht hat, Ordnung in das Chaos zu bringen.

Es war zum Beispiel völlig klar, dass wir niemanden bitten, sich um die Kirchen und kirchlichen Gebäude zu kümmern. Bei der flächendeckenden Zerstörung der Wohnungen von ca. 20.000 Menschen in der Stadt Bad Neuenahr-Ahrweiler müssen diese Gebäude warten. Bis jemand kommt und danach fragt. Bis die Arbeit in den Wohngebäuden so weit gemacht ist, dass Hände frei sind. Tatsächlich hat das etwas gedauert, und es waren dann Helfer von außen, Freunde wie Antonius und Peter, die kamen und nach den Kirchen geschaut haben und anfingen, den Schlamm zu beseitigen.

Wir haben von Tag drei an Kolleginnen und Kollegen aus dem ganzen Bistum gebeten, uns in der Seelsorge zu helfen. Es kamen viele, über viele Wochen, immer wieder – so wie die anderen Helfer. „Präsenz" haben wir das genannt. Also einfach da sein. Nicht Angebote oder Projekte initiieren, sondern da sein, wo die Menschen jetzt sind. Zuhören, wie sie ihre Flutgeschichten erzählen. Aushalten, wenn die Tränen kommen und Verzweiflung aufsteigt angesichts der Aufgabenberge und dem Alles-Verlieren.

Für die Kirche?

Nein, nicht für die Organisation, die in den letzten Jahren durch die Missbrauchsskandale und die Aufarbeitungen in den einzelnen Bistümern so schwer angeschossen ist. Die immer mehr Mitglieder verliert durch eine nicht enden wollende Austrittswelle. Die Glaubwürdigkeit bodenrutschartig verliert, weil die Menschen in Deutschland Antworten erwarten auf die Frage nach der Stellung der Frau in der Kirche, auf Perspektiven für zweite Ehen hoffen und darauf, dass auf eine neue, wertschätzende Art und Weise von und vor allem mit queeren Menschen gesprochen wird. Und so vieles mehr …

Für die Kirche?

Viele wünschen, dass „die Kirche" sich ändert, dass Kirche mehr bei den Menschen ist, ihre Sprache spricht, ihre Sorgen teilt. Und dass sie aus dem vermeintlichen Wolkenkuckucksheim rauskommt in diese Welt.

Am Tag vor der Flut, also am 13. Juli, gab es, wie bereits am Anfang des Buches erwähnt, bei uns im Dekanat einen Studientag mit dem Titel „Diakonische Kirchenentwicklung", der wegen Corona mehrfach verschoben werden musste. Also ein

Tag rund um die Frage: Wie kann Kirche in all ihrem Tun den Menschen in den Mittelpunkt stellen, vor allem den Menschen, der in Not gekommen ist (das kann sehr vielfältig sein)? „Die Kirche vom Einzelnen her denken" war zudem einer der sogenannten Perspektivwechsel der Trierer Synode.

Wir haben an diesem Tag gemerkt, dass da viel Arbeit vor uns liegt, weil es eine neue, andere Haltung ist. Und Haltungen zu ändern, ist nicht einfach. Das weiß jeder bzw. jede selbst aus dem eigenen Leben. Geplant war, dass wir zu zweit oder dritt auf die Straße zu den Menschen gehen und mit ihnen ins Gespräch kommen – vorm Bäcker, am Bahnsteig, an der Kasse, im Café, beim Spazierengehen, auf dem Kinderspielplatz ... Dass wir einfach zuhören, was die Menschen sagen, was sie bewegt ... Doch dieser Teil des Studientages musste leider ausfallen. Es regnete am 14. Juli viel zu stark.

Am 15. Juli, also am Tag nach der Flut, war es keine Frage mehr, ob es zu stark regnet, ob wir nass werden oder dreckige Füße kriegen oder die Jeans nicht mehr sauber wird vom Dreck. Ob ich die Schuhe vor lauter Schlamm wegschmeißen muss, weil ich keine Gummistiefel habe ... Es war keine Frage, wo wir als Kirche hingehören. Die Antwort war mehr als klar: auf die Straße, zu den Menschen. – Mal konkret beim Anpacken. Mal beim Nachfragen und Zuhören. Oder von Haus zu Haus. Und erste Netzwerke konnten so geknüpft werden: zur Caritas, zur Gemeindeschwester, zu telefonischer Beratung, ob Seelsorge oder psychologische Begleitung. Und dank unserer kurzen Wege und guten Beziehungen zum Krisenstab der Stadtverwaltung konnten wir Hinweise geben, wo es Essen, Wasser oder allgemeine Versorgung gibt, oder welche Brücken und Straßen passierbar waren ... Denn zu dem Zeitpunkt gab es noch keine 13 Infopoints, die diese Fragen später sehr gut aufgenommen und beantwortet haben.

Für die Kirche?

Dass es für die Antwort an die Reporterin keine lange Überlegung brauchte, ist klar. Weder am ersten Tag der ersten großen Not und Hilfe noch an den Tagen danach, als wir uns immer mehr aufgestellt und Wege gebahnt haben zu den Menschen und ihren Fragen, geschweige denn Monate danach, als das Kirchendunkel in Deutschland immer dichter wurde. Für die Menschen!

Die Kirche kann nicht das Ziel kirchlichen Handelns und Denkens sein. Das Ziel ist immer der Mensch – der konkrete, einzelne, ganz individuelle und unverwechselbare. Der Mensch, der jetzt da ist. So war es auch bei Jesus: Nicht für sich selbst hat er gelebt. Für uns Menschen wurde er Mensch. Und er hat gefragt: „Was soll ich dir tun?" Und hat es getan. Daraus wird dann Kirche, sie entsteht aus diesem Tun, weil sich Menschen zusammenschließen und gemeinsam Antworten wie Wege suchen.

Nicht für die Kirche bin ich im Ahrtal – genau wie meine Kolleginnen und Kollegen aus all den anderen Berufsgruppen, die hier sind –, aber ich tue das als Mann der Kirche. Natürlich! Denn so sehr ich unter „Kirche" leide, so sehr ist sie mir auch Heimat. Und das wird so bleiben. Und dafür trage ich ein äußeres Zeichen. Seit dem 15. Juli trage ich jeden Tag ein Priesterhemd. Ich will als Priester erkennbar sein. Auch für die, die mich nicht kennen. Ich will zeigen, woher ich komme, ich will mein Gesicht zeigen als Gesicht der Kirche.

Was daraus wird, das liegt nicht mehr in meiner Hand. Das wird der Herr der Kirche und sein Heiliger Geist wachsen lassen. Vielleicht auch durch mein, durch unser Tun. Vielleicht, nein, hoffentlich wird Kirche neu nach der Flut – näher bei den Menschen. Und glaubwürdiger.

Für die Kirche?

Ich springe mal in den Februar 2022. Da wird ein unabhängiges Gutachten zur Aufarbeitung von sexuellem Missbrauch im Erzbistum München veröffentlicht. Allen Erzbischöfen seit dem Krieg werden darin verschiedene Unterlassungen und etliche Fehler in ihrem jeweiligen Leitungsverhalten gegenüber auffällig gewordenen Priestern nachgewiesen. Der Umgang mit den Opfern ist unzureichend, ihre Perspektive und damit ihr Leiden rücken erst sehr spät in den Fokus der Verantwortlichen. Unter ihnen ist auch Josef Ratzinger, der spätere Papst Benedikt XVI., der von 1977 bis 1981 Erzbischof in München-Freising war. Natürlich sorgt schon dieser Umstand für großes Medienecho. Die Veröffentlichung des Gutachtens und der anschließende Umgang damit lösen eine Welle der Empörung in Deutschland aus. Eine erneute Austrittswelle folgt.

In diesem Zusammenhang nehmen über Facebook und andere Kanäle Männer und Frauen Kontakt zu mir auf und thematisieren das Thema ihres Austritts. Mit einem, der von sich selbst sagt, dass er Opfer von Missbrauch durch einen Priester geworden ist, habe ich längeren Kontakt. Seine Feindseligkeit und die scharfen Worte kann ich nach seinen massiven Erfahrungen in der Jugendzeit und weiteren unguten Erlebnissen nur zu gut verstehen. Dass sie jetzt wieder wach werden, liegt auf der Hand. Er traut der Kirche keine Erneuerung mehr zu. Sieht ihren Untergang als notwendig und im Kommen. Als ich ihn frage, wie er sich Kirche wünscht, schreibt er[6]:

„Kirche sollte nah an den Menschen sein.
Wenig Phrasen, mehr echte Worte.
Weniger geschwurbelte Worte, sondern
moderne Sprache, die verstanden wird.
Eine Predigt muss helfen, Dinge zu
verstehen, Anleitung geben.
Dinge beim Namen nennen, statt drum herumzureden.
Kirche mischt sich ein, in Politik; z. B. frage
ich mich, warum kein Papst Guantanamo
besucht und selbst dort bleibt.
Das, was Jesus ausmachte, war Nähe und
keine Worte aus der sicheren Distanz.
In Polen kann der Papst viel bewegen, wo
ist er, wenn es um Flüchtlinge geht?
Wo ist die Kirche, die in der Bibel beschrieben ist?
Sterbende begleiten, Angst nehmen und in
der Zeit von 20 bis zum Tod den Fokus auf
Wichtiges legen: Liebe, Gesundheit, Freude usw. ...
Die Menschen, die glauben, wollen Antworten ...
Was ist wichtig im Leben? Wo ist der Sinn?

Das sind doch meine Fragen! In ganz weiten Teilen sind es meine Gedanken. So wünsche auch ich mir Kirche! Daran will ich, zusammen mit den anderen Seelsorgerinnen und Seelsorgern und so vielen Ehrenamtlichen, gemeinsam bauen. Dafür will ich meine Kräfte einsetzen. Nicht für „die Kirche“, son-

---

6 Ich habe ihn gefragt, ob ich seine persönliche Nachricht an mich veröffentlichen darf. Er hat die Erlaubnis dazu ausdrücklich erteilt.

dern für eine Kirche, die nahe bei den Menschen ist, und deshalb auch nahe bei Gott.

Wie kommt es, dass die Wünsche und Ziele eines zutiefst Enttäuscht-Verletzten und eines Pfarrers so nahe beieinander liegen? Mich macht das nachdenklich … und zugleich auch hoffnungsfroh. Denn so weit scheinen wir mit unseren Bildern von Kirche nicht von dem entfernt zu sein, was Menschen sich wünschen. Selbst die, die Schweres erlitten haben. Da wissen wir doch, wohin wir bauen …

facebook – 5. August 2021

CHANGE

* Wir haben Wechsel, unser AK „Kirche hilft" verändert sich: Johanna haben wir heute verabschiedet, sie hat vier Wochen ihres Urlaubs drangegeben und beginnt sehr bald eine neue Stelle in München. Und Olaf arbeitet nur noch morgen mit uns zusammen, er hat zeitnah einen mehrwöchigen Auslandsauftrag … Julia unterstützt uns als Mitarbeiterin des Bistums in der Kommunikations- und Pressearbeit …

Es bedeutet auch: raus aus dem Hochakut-Krisen-Modus in einen Krisen-Modus mit der Perspektive auf einen „Normal-Modus". Doch was heißt nach dieser Zerstörung unserer Heimat und aller Strukturen und der Beschädigung so vieler Gebäude denn „normal"? Und wann wird das sein?

* Change auch beim Essen: Es gibt ja jetzt immer Mittagessen auf dem Marktplatz, sehr lecker gekocht, sehr freundlich serviert vom DRK aus Geseke! Es wird zum Treffpunkt für viele: Jakob und sein Vater, Maria, Helena und Johanna, Josef St., Elisabeth und Margit –

sogar Schwester Maria (die Oberin der Ursulinen vom Calvarienberg aus Trier) hab ich getroffen und wir haben erzählen können. Das ist gut.

Was bleibt:

* Die Flutnacht-Geschichten sind so grausam in die Seelen gebrannt, dass ich immer wieder Tränen spüre, wenn ich frage und zuhöre, erschrecke und am liebsten schweigen würde mit denen, die da erzählen ...
* Immer noch kein Strom (nur in einer Steckdose vom Generator) – daran hab ich mich gut gewöhnt ... auch daran, wo der Strom fürs Handy herkommt.
* Immer noch kalt duschen (bis auf morgen früh 😀, dann dusche ich bei Freunden in Lantershofen!), Zähne mit Mineralwasser putzen – das hab ich in Afrika gelernt.

Die Frage wie es weitergeht ...
Und die klare Antwort: Das Ahrtal hat Hoffnung, wir werden aufstehen und arbeiten, dass es hier wieder schön wird – es ist doch unsere Heimat!!! 😊 (Und dabei habe ich wieder Tränen in den Augen.)
Ja, es sind viele Wunden da und wirklich in so viele Herzen eingebrannt, dass es schwer wird, damit zu leben (ganz heil wird diese Flut-Wunde in unseren Herzen nie mehr). Und zugleich ist so viel Wille zum WEITER da, das rührt mich immer wieder.
Wir schaffen den CHANGE! Gemeinsam, miteinander!
Gute Nacht!

Eine Gruppe freiwilliger Helfer geht durch eine schlammverschmierte Straße in Ahrweiler am 24. Juli 2021. Am Straßenrand türmt sich der Schutt und stehen Mülltonnen.

Sachspenden (sortierte Hygieneartikel und Kleidung) in der Kirche Sankt Nikolaus und Sankt Rochus für die Opfer der Flutkatastrophe in Mayschoß.

Ich will dankbar sein für die Hilfe,
die mir zuteilwird,
für die tröstende Schulter,
an die ich mich anlehne.

Ich schaue auf und sehe helfende Hände,
die jetzt da sind, ohne Applaus, einfach so.

Die vielen, die jetzt kommen und bleiben,
die Schmerzen lindern, Wunden heilen,

die des Leibes, wie die der Seele,
mit langem Atem und sehr viel Geduld.

Stephan Wahl,
Ahrpsalm

Helfer sind da

In keinem Katastrophenplan der Republik kamen sie bisher vor: die freiwillige Helferinnen und Helfer, die einfach kommen und anpacken. Sie sind das Wunder der Flutkatastrophe. Menschen, die ab der ersten Stunde da sind.

Zu ihnen gehören die Helferinnen und Helfer aus der Blaulicht-Familie, die beim Deutschen Roten Kreuz, bei der Feuerwehr, beim THW, beim Arbeiter-Samariter-Bund, bei den Johannitern, den Maltesern und all den anderen geschult werden für Katastrophen und Erste wie Zweite Hilfe. Ab der ersten Stunde der unbeschreiblichen Not sind es die Einsatzkräfte hier aus dem Ahrtal, die retten, schützen, bergen wollen – auch wenn die Situation in der Nacht zum 15. Juli das fast unmöglich macht. Sie sind auch am Morgen da, und ich weiß zum Teil aus eigenem Erleben, was an diesem Tag alles geleistet wurde. Und ihr Einsatz blieb so über Wochen: An die hunderttausend Kräfte waren im Ahrtal, unterstützt von Polizei und von Bundeswehr. Sie haben in diesem größten Einsatz der Geschichte der Bundesrepublik Deutschland schier Unmenschliches geleistet!

Das eigentliche Wunder waren allerdings die ungezählten Helfer, die sich ins Auto gesetzt haben und einfach da waren. Auch vom ersten Tag an. Da gab es den Helfershuttle, der ihre An- und Abreise organisierter stattfinden ließ, noch nicht, sodass die wenigen Straßen und freien Plätze völlig von Autos verstopft waren. Auf den wenigen noch befahrbaren Wegen ging zeitweise gar nichts mehr, nicht mal für die Rettungskräfte. Es war unerträglich, dass die Botschaft ausgegeben werden musste „Bleibt zu Hause! Damit Rettungseinsätze möglich sind!“, wo doch jede Hand so dringend gebraucht wurde.

Thomas und Marc hatten in der Vergangenheit schon manche harte Nuss geknackt, der Helfershuttle aber ist sicher ihr größtes Wunderwerk. Denn was dort innerhalb kürzester Zeit an Organisation geschaffen und auf die Beine gestellt wurde, und zwar alles rein ehrenamtlich, hätte wohl keine Organisationsentwicklung so hingekriegt. Es wird als Blaupause für viele ähnliche Einsätze ausgewertet werden.

Die Hilfe, die mit dem Helfershuttle geleistet wurde, ist nicht zu ermessen. Sie wird sicher erst im Himmel voll sichtbar werden. Diese Geschichte muss an einem anderen Ort ausführlicher erzählt werden.

Das Wunder der Katastrophe sind die Menschen, die angepackt haben. Sie sind das Licht in der dunkelsten Nacht. Sie sind die Kraft, die uns im Ahrtal hat weiterleben lassen. Sie haben auf die Riesenberge an Arbeit die ersten und wichtigsten Schritte zu gemacht.

Sie kamen aus dem ganzen Land. Aus ganz Europa. Über so lange Zeit. Immer wieder. Ihnen gehört unser ganzer Dank.

Warum kommt ihr? Immer wieder ...

Beim Aufräumen in der Pius-Kirche frage ich in einer Pause einen Helfer, wo er herkommt. „Aus der Pfalz“, antwortet dieser und ergänzt schnell, dass er schon das vierte Wochenende in Folge im Ahrtal zum Helfen ist. Ich frage ihn, warum er jedes Wochenende kommt und so viel schafft, dass ihm alle Knochen wehtun – wofür er noch nicht mal Geld bekommt. „Warum bist du so verrückt?“ – „Weil ich kommen muss. Und weil es Spaß macht“, sagt er wie aus der Pistole geschossen. „Ich brauche zwei bis drei Tage, bis ich zu Hause in der normalen Welt wieder ankomme, und dann komme ich freitags wieder!“

So ähnlich antworten viele. Viele kommen immer wieder, selbst ihren Urlaub verlegen sie dafür im Sommer ins Ahrtal. Und später waren es weitere viele, viele Wochenenden und alle freie Zeit, die sich erübrigen ließ.

Warum machen Menschen das? Ganz klar: Am Geld liegt es nicht. Was ist es dann? Die Helfer sagen immer wieder, dass sie doch in der Not helfen müssen.

Gab es jemals in Deutschland eine so große und lang anhaltende Hilfsbereitschaft? Verändert sich etwas in unserer Gesellschaft? Wie oft habe ich beim Aufräumen von Bekannten den Satz gehört: „Sag bloß niemand noch mal was über unsere Jugend! – Was die hier geschafft haben!“ Sind die Werte des

Miteinanders tiefer in unserer Gesellschaft verankert, als wir es sonst wahrnehmen?

Solidarität wurde zu einem der Schlüssel- und Hoffnungsworte der Nach-Flut-Zeit und hatte schnell diese Schreibweise: SolidAHRität. In der Auswahl für das Wort des Jahres 2021 der Wiesbadener „Gesellschaft für deutsche Sprache" belegte es im Dezember Platz 2.

Ich glaube, viele erfahren durch ihr Mitanpacken und Schaffen im Katastrophengebiet das, was Psychologen Selbstwirksamkeit nennen: Ich erfahre, dass mein Tun Wirkung hat und dass sich durch meinen Einsatz zumindest meine kleine Welt verändert – ich kann etwas bewegen. Und im Berufungscoaching spricht man davon, dass ich meinen Platz gefunden habe, wenn sich das, was ich kann und was ich an Begabungen mitbringe, mit den Bedürfnissen der Welt trifft. – Was ist das anderes als Glück?

Die Währung, die im Ahrtal zählt und die Menschen reich macht, ist also Sinn. Nicht wegen des Geldes kommen also zu Tausenden die Helferinnen und Helfer, sondern weil sie Sinn erfahren. Und das ist wichtiger als Urlaub, freie Zeit, gutes Essen, … und als Geld.

Seelsorge-Unterstützung

Wir merken: Wir schaffen die Seelsorge nicht allein. Die Not ist einfach viel zu groß. Schon am Sonntag nach der Flut gibt es eine erste Konferenz mit Vertretern des Bistums, der Notfallseelsorge und uns Seelsorgern aus den Pfarreien. Es wird an der Unterstützung gearbeitet. Im Laufe der nächsten Wochen kommen insgesamt über 100 Kolleginnen und Kollegen aus dem ganzen Bistum: Gemeindereferent*innen, Pastoralreferent*innen, Priester, Diakone, Ordensleute. Sie gehen in die Straßen zu den Leuten. Später sind sie an den Versorgungspunkten anzutreffen oder gehen von dort aus in die Stadtviertel.

Sie helfen uns in der Stadt Bad Neuenahr-Ahrweiler auch bei den Beerdigungen der über 70 Flutopfer und in der Begleitung der Angehörigen.

Auch das „kirche:mobil", eine Kirche auf Rädern in Form eines Kleintransporters, der Pfarreiengemeinschaft Völklingen macht sich über Monate immer wieder auf von der Saar an die Ahr, um ein Ort der Begegnung, des Zuhörens zu sein. Denn das ist den Menschen das Wichtigste: Dass sie erzählen können und dass jemand zuhört. Da spielen Ort und Situation kaum eine Rolle. Es kann vor der eigenen Haustür stattfinden oder beim Einkaufen zwischen den Regalen. Auf der Straße, wenn Bekannte sich (wieder-)treffen oder wenn Seelsorgerinnen und Seelsorger auftauchen, die erkennbar sind an ihren roten Westen.

Psychologen wissen: Nach den ersten Tagen der Schockphase kommt die lange Phase des Be-Arbeitens, in der die wichtige Hilfe das Erzählen ist. Aktives, geduldiges Zuhören eröffnet der Seele den Weg zum Annehmen und Verarbeiten der schrecklichen und allzu oft traumatischen Erlebnisse. Wir als Seelsorgerinnen und Seelsorger können das aus diesen Erfahrungen des Da-Seins bei den Menschen bestätigen, was in der Literatur „Präsenz-Seelsorge" genannt wird. Im „normalen" Alltag haben wir alle dazu wenig Zeit, und doch liegt gerade in diesem Zeit-Haben, im Austausch, der nicht zweckgebunden ist, und dem Geschenk der Begegnung so viel Heilendes. Nicht immer, aber auch nicht selten tauchen dabei Fragen des Glaubens auf. Oder es kommt die Bitte: „Beten Sie für mich!" Ich frage mich oft, wie wir dieses Angebot weiter aufrechterhalten. Es liegt viel Heilendes darin, nicht nur für die Menschen mit Nöten.

Aktives, geduldiges Zuhören eröffnet der Seele den Weg zum Annehmen und Verarbeiten der schrecklichen und allzu oft traumatischen Erlebnisse.

Unsere Schwestern und Brüder ...

... aus anderen christlichen Gemeinschaften waren und sind da. Sehr zügig. Sehr freundlich. Und sehr sichtbar. Mit den blauen T-Shirts die Samariter und „To All Nations", die Gruppe vom Haus der Hoffnung, hatten schnell Kontakt zu uns[7]... und die Mormonen – oder wie sie deutlich lieber genannt werden: die Heiligen der Letzten Tage. Sie waren mit ihrer großen Truppe junger Leute an etlichen Tagen im Ahrtal und an ihren gelben Westen leicht auszumachen.

Die Mormonen erzählten, dass die jungen Leute – vorwiegend aus den USA, aber auch aus ganz Europa – zurzeit zu einem Missionskurs und damit zu einer Ausbildung in Deutschland sind. Und sie haben kurzerhand das Programm umgestellt, weil es jetzt hier im Ahrtal so viel Not gibt. Ich kann nur zustimmen. Eine bessere Schule des Lebens als die konkrete Hilfe im Ahrtal kann ich mir kaum vorstellen. Sie packen überall mit an. Sehr gerne auch in der Kirche und um die Kirche herum. Dass dort der Schlamm weg ist, ist dieser Gruppe zu verdanken.

Ob ich als katholischer Pfarrer denn keine Schwierigkeiten damit habe, dass diese Freikirchen hier bei uns tätig sind, war mal die Frage eines Pressevertreters. Sie hat mich sprachlos gemacht. Wieso sollte ich damit Schwierigkeiten haben, dass Menschen hier helfen, indem sie anpacken und Not beseitigen? – Ich heiße diese jungen Leute ausdrücklich und sehr

7 Was sich aus dem ersten Kontakt weiter ergibt, wird sich zeigen. Eine Zusammenarbeit ist nach sechs Monaten noch nicht zustande gekommen, obwohl es für Weihnachten Ideen gab. Die zahlreichen Aktivitäten einzelner freikirchlicher oder freikirchen-naher Gruppen sind freundlich, zugewandt – und wohl auch von viel Geld getragen; so steht z. B. ein Reisebus in der Stadt, der zu einem Café umgebaut ist. Es wird spannend sein, wie und wohin sich das soziale Engagement weiterentwickelt.

freundlich willkommen. Und wir sind uns mit dem Leiter und Begleiter der Gruppe schnell einig: Wir haben sicher verschiedene Wege und Formen zu glauben. Doch das, was uns grundlegend verbindet, ist der Glaube an Jesus Christus, der Mensch geworden ist und uns befreit und erlöst hat. Auch wenn wir auf unterschiedliche Weise glauben (worüber sich trefflich streiten ließe), so haben wir doch eine große Achtung genau davor, dass der andere glaubt. Und konkret hier, dass dieser Glaube uns dazu ansteckt, denen zu helfen, die in Not sind. Gerade so sind wir wirklich und im besten Sinn Schwestern und Brüder! Und ich bin sehr dankbar für diese „Ökumene der Tat".

Sicher, die Formen Glaube zu leben, sind anders. Dass einige Gruppen nach getaner Arbeit mit den Bewohnern des Hauses noch gebetet haben, sind wir nicht gewohnt. Ich kenne dieses freie Beten nicht nur aus der Freikirche meines Bruders in den USA, sondern habe es auch sehr wohltuend erfahren in Wüstenexerzitien, bei der Gemeinschaft Emmanuel, beim „Muskathlon", einem Spendenlauf in Afrika, und anderen Gemeinschaften.

Manche, die das miterlebt haben, waren sehr angerührt, dass da am Ende des gemeinsamen Arbeitens ganz konkret für die Bewohner des Hauses und für deren Anliegen gebetet wurde. Andere fanden das eher ungewohnt oder unpassend …

Sicher gibt es da Unterschiede in den Formen und Bräuchen, aber ich glaube, wir können als „alte" und große Kirche noch manches von den „kleinen" freikirchlichen Gemeinschaften lernen.

Dass wir als katholische Kirche längst nicht so sichtbar waren wie diese Gruppen, ist nicht nur in der Bistumsleitung in Trier Gesprächsthema gewesen. Auch aus unseren Gremien kam die Frage: „Wo war Kirche denn?" Hier werden wir noch viel über das Kirchenbild nachdenken und daran arbeiten müssen. Dass alle, die sich einsetzen und für andere da sind, dies auch als Getaufte und damit als Kirche tun, ist selbst im inneren Kreis noch längst nicht überall angekommen.

Obwohl über 100 Seelsorgerinnen und Seelsorger aus dem ganzen Bistum an vielen Tagen an der ganzen Ahr präsent waren – die gleichen Personen an den gleichen Tagen, damit Vertrautheit wachsen kann –, gab es immer wieder kritisches Nachfragen: Wo seid ihr denn? Die Kolleginnen und Kollegen hatten für alle erkennbar ihre roten Jacken an, aber offensichtlich reichte das nicht.

Müssten auch unsere Gruppen, die aus katholischen und evangelischen Gemeinden aus ganz Deutschland zum Helfen da waren, deutlicher erkennbar sein? Die aus Bremen, die aus Kusel, die Jugendlichen aus Andernach (um nur einige zu nennen) waren einfach da, haben angepackt und mit geschafft, so wie Tausende anderer Helfer auch. Doch erkennbar wie die Freikirchen waren sie nicht.

Hierzu passen ergänzend die Erfahrungen eines guten Freundes. Bruder Antonius von den Barmherzigen Brüdern aus Trier hat nach der Flut oft und viel in der Kirche in Ahrweiler und den anderen Gebäuden der Pfarrei wie auch in etlichen anderen Häusern gearbeitet. Manches Mal haben ihn verschiedene Mitbrüder aus dem Orden begleitet, manchmal kam er auch allein. Er hat mit ganz verschiedenen Personen zusammen Schlamm beseitigt, die Sakristei leergeräumt, Böden rausgestemmt, Schutt gefahren, ... Die Helfer kamen über den Helfershuttle oder hatten sich über Facebook-Aufrufe gemeldet. Bruder Antonius war natürlich nicht im Ordensgewand da, sondern auch wie alle anderen mit Jeans und Gummistiefeln.

Antonius konnte von vielen sehr persönlichen Gesprächen berichten, die meistens damit begannen, dass ihn jemand nach dem Beruf gefragt hat, und dann mit erstauntem Gesicht reagiert wurde: „Echt jetzt! Du bist Mönch?“ Es sind nicht wenige Kontaktdaten ausgetauscht worden und über Messenger ist der Kontakt geblieben … Ist das nicht auch angemessen? Für uns passend? Da-Sein erweist sich nicht durch Sichtbarkeit, sondern in der wirklichen Begegnung der Personen.

Exkurs: Ähnliche Erfahrungen vom Camino

Den Helfern tut das unkomplizierte, gute Miteinander so unendlich gut, das Verstehen ohne viele Worte, das Gefühl, sich schon lange zu kennen und der selbstverständlich-vertraute Umgang miteinander. Dass es dabei völlig unwichtig ist, welcher Arbeit man zu Hause nachgeht und welche Rolle man hat, macht den Augenblick umso wichtiger.

Eine ähnliche Erfahrung kenne ich persönlich und mit mir viele andere vom Camino-Pilgern in Spanien. Wohl alle, die mal auf einem der Jakobswege unterwegs waren, bringen neben etlichen neuen Facebook-Bekannten und ausgetauschten Telefonnummern ein paar Freunde mit nach Hause.

Hierin ähneln sich für mich das Pilgern und das Helfen im Ahrtal. Es sind Begegnungen möglich, ohne dass gesellschaftliche Konventionen dabei eine Rolle spielen. Es gibt gemeinsam gemachte Erfahrungen, über die man schnell in den Austausch kommt. Und es ist so leicht, das Herz zu öffnen und vom eigenen Leben zu erzählen.

Ein Erlebnis von meinem Camino Frances im Jahr 2014, den ich im Rahmen einer dreimonatigen Auszeit aus Anlass meines 25-jährigen Priesterjubiläums begonnen habe, mit den 800 Kilometern von der französischen Grenze zum Grab des heiligen Jakobus in Galicien, möchte ich hier teilen. Weil darin für mich neben dem menschlichen Verstehen auch die Dimension des Glaubens aufleuchtet.

Ort des Geschehens ist die von Schwaben geführte Herberge La Faba. Sie ist aufgrund ihrer Ordnung und Sauberkeit bekannt und beliebt, auch wenn sie weitab des nächsten Ortes liegt. Wir sind zu viert unterwegs. Mein Pilgerfreund Willi, der das letzte Drittel des Weges mit mir gegangen ist, und Alex und Walli, ein Paar aus Südtirol, mit dem ich schon seit vielen Etappen sehr verbunden unterwegs war. Wie so oft kamen wir sehr früh in der Herberge an, waren mit die Ersten und bekamen ein Bett im Schlafsaal, der sich bald darauf füllte.

Es war ein langer freier Pilgernachmittag, und da eine wunderbare romanische Kirche zur Herberge gehört, gab es die Idee, dort Messe zu feiern, zumal der darauffolgende Tag ein mir wichtiger Tag im Kirchenkalender ist: das Fest der Kreuzerhöhung.

Gefragt und zugesagt, spricht sich die Neuigkeit schnell herum, und so ist zu Beginn der Messe die kleine Kirche mit fast 60 Pilgerinnen und Pilgern richtig voll. Was wir dann feiern, ist für mich eine der bewegendsten Messen überhaupt. Die Pilger stellen sich alle mit Namen vor und nennen ihre Nationalität. Ein bunter Haufen ist da zusammengekommen. Mein Englisch reicht dann allerdings nicht aus, um das Fest wirklich zu erklären, was nicht schlimm ist, weil meine Worte schnell übersetzt werden. Nun wusste ich aber, dass sicher nicht alle Anwesenden katholisch sind. Eine deutsche Pilgerin sagte das auch sehr deutlich und fragte laut, ob sie denn hier richtig sei. Ich habe sie dann eingeladen, im Namen Jesu mit uns zu feiern und zu beten, und sie blieb gern.

Bei den Fürbitten konnte jede Person, die wollte, ein Anliegen nennen. Da kam viel zusammen. Beim Vaterunser habe ich nicht – wie sonst sehr oft – um den Altar eingeladen: Ich wollte niemanden mit der Kommunion „nötigen". Stattdessen habe ich etwa mit folgenden Worten diesen Teil des Gottesdienstes erklärt: „Wir glauben, dass Jesus jetzt wirklich bei uns ist, nachdem wir die Worte über Brot und Wein gesprochen haben, die Jesus im Abendmahlssaal gesprochen hat. Er ist wirklich da. Wer das auch glaubt und ihm begegnen möchte, ist eingeladen, nach vorne zu kommen und die Kommunion zu empfangen." – Was dann auch viele taten.

So hatte ich gesagt, was mir wichtig ist: Dass wir glauben, dass es wirklich Jesus ist in der kleinen Hostie. Ich hatte niemanden ausgeladen – und doch zu erkennen gegeben, was hier geschieht. Was dabei zwischen der einzelnen Person und Jesus geschieht, entzieht sich immer der Beurteilung von außen …

Zum Abschluss waren dann doch alle eingeladen, in einem großen Kreis um den Altar zu stehen und den persönlichen Segen zu empfangen. Alle kamen nach vorne. Beim Segen mit Handauflegung und einem persönlichen, stärkenden Wort gab es viele Tränen. Es war ein echtes Pfingstfest, das wir gefeiert haben, mit ganz viel Verstehen und Verstanden-Werden, mit Miteinander und Gemeinschaft, die nicht wir gemacht haben, mit Platz für den eigenen Weg und die eigenen Anliegen, mit Einheit in Verschiedenheit, mit Zusage des Segens und Stärkung – was viele tief angerührt hat.

Nicht nur mir ist diese Messe in Erinnerung, das weiß ich.

Wenn es gelingt, das Leben ins Wort zu bringen, das Eigene vorzutragen und jedem das Gefühl des Gesehen- und Geachtet-Werdens zu schenken, dann wird Gott in unserer Mitte greifbarer denn je. Und das nicht nur in ausdrücklichen Gottesdiensten wie in der Kapelle von La Faba.

So nah

In den Wochen nach der Flut erreichte mich folgende Nachricht über Facebook:

> Hallo Herr Meyrer,
> ich würde gerne kurz mit Ihnen telefonieren, wenn das möglich ist. Mein Vater liegt im Sterben im Krankenhaus und würde gerne mit einem Pfarrer reden. Er hat heute sowohl die letzte Chemotherapie als auch künstliche Ernährung einstellen lassen und wird wohl noch 2–3 Tage bei Bewusstsein sein. Zwar ist er in N. zu Hause, dennoch wollte er aufgrund meiner Erzählungen über Ihr Wirken nach der Flut gerne mit Ihnen reden. Wenn das möglich ist, würde ich mich über einen Anruf sehr freuen.
> Herzlichen Dank, Patrick M.

Es gab diesen Besuch, der mich sehr berührt hat. Ich bin im Krankenhaus einem Mann begegnet, der sehr bewusst auf den Tod zugeht, der um seine Krankheit weiß, sich gegen weitere Therapien entschieden hat und der sehr bewusst Abschied nimmt, von Frau und Sohn, von Mutter und Schwester, von Freunden …

Er sagt, er möchte gut vor seinem Schöpfer ankommen, und erzählt dann, dass er vor vielen Jahren aus der Kirche ausgetreten sei, nicht um Geld zu sparen. „Auch nicht wegen des sexuellen Missbrauchs. Aber es gibt ja noch so viel anderes …“ Und während wir sonst in den zwei Stunden Gespräch ganz viel vom Leben miteinander teilen, verstummt er hier. Er erzählt von seiner Frau, vom Sohn, auf beide ist er unglaublich stolz … Er erzählt von seinem Beruf, den er geliebt hat … „Ich hatte so ein gutes Leben! Und das geht jetzt zu Ende. Kann ich kirchlich beerdigt werden?" – „Natürlich!" – „Und wie geht das mit dem Kirchenaustritt?", fragte er. „Nach allem, was Sie erzählen, sind Sie vielleicht äußerlich weit weg, aber innerlich so nah." Der Besuch schließt dann mit der Krankensalbung ... tränenreich und getröstet zugleich.

Menschen, die (äußerlich) nicht zur Kirche gehören, aber so nah dran sind, sind mir in den Wochen nach der Flut öfter begegnet. Zwei Beispiele:

Sven. Er hat mit einer ganzen Truppe von anderen freiwilligen Helfern in einer der Kirchen den Boden rausgeholt, wie das in so vielen Häusern sein musste. Ein Bär von einem Mann, dem man das jahrelange Fitnesstraining ansieht – mit Oberarmen, die wohl dicker sind als meine Oberschenkel. Bei einem Mittagessen ergibt sich das folgende Gespräch:

„Kannst du für mich bei Petrus nicht mal ein gutes Wort einlegen, damit ich da mal gut reinkomme in den Himmel?"

„Das brauche ich sicher nicht, denn Gott sieht, was du hier schaffst!", antworte ich ihm.

„Ich hab in der Ecke beim Beichtstuhl den ganzen Boden rausgeholt, ist das so gut wie eine Beichte?"

„Die gute Tat vergibt auf jeden Fall!"

„Es ist aber ziemlich viel, was da zusammengekommen ist in meinem Leben."

So weit weg? – So nah!

Markus. Er kommt schon seit Beginn der Flut jedes Wochenende, arbeitet in einer Gruppe mit, räumt Häuser aus, kommt immer wieder. Er schläft in den Unterkünften beim Helfershuttle, nimmt abends eine Ibuprofen gegen den Muskelkater, damit es am nächsten Morgen weitergehen kann ... Sonntags fährt er nach Hause und arbeitet in seinem harten Job die Woche über durch, braucht aber drei Tage, bis er in der normalen Welt wieder ankommt. Es gibt ein Foto von ihm und seinem Bruder, wie sie in der Kirche kniend die Bohrhämmer in die Fliesen stemmen, weil das schneller geht. „Ich hab seit meiner Firmung nicht mehr in der Kirche gekniet."

So weit weg? So nah!

Das ist eine der schönsten Erfahrungen in den Wochen nach der Flut: Alle Unterschiede spielen keine Rolle mehr, weil wir miteinander arbeiten und am gleichen Strang ziehen, und weil wir im Dreck stehen und uns im Baulärm wortlos oder mit Zeichen verstehen. Da ist das Leben selbst dann Thema, wir brauchen die Rücksichten, Ängste, Verletzungen, Vorsichten und Vorurteile des Alltags nicht mehr. Dann bin ich nur noch ich. Und du bist du. Da fällt das Teilen von Leben leicht.

Das ist etwas, das wir mitnehmen können aus der Flutkatastrophe: Dass das Leben wichtiger ist als die Grenzen, die wir setzen. Dass die Blasen, in denen wir leben, nur ein kleines Stückchen der Wirklichkeit abbilden, und dass an den Rändern, wenn die Blasen sich berühren, so viel überraschend Frohmachendes aufscheint.

Ohne dass ich jemanden vereinnahmen will und ohne es fromm zu verbrämen, möchte ich sagen, dass ich hier das Kirchenlied *„Wo Menschen sich vergessen, die Wege verlassen, … da berühren sich Himmel und Erde …"* neu verstanden und erlebt habe.

Nein, sie sind nicht weit weg. Von der (konkreten) Kirche vielleicht, aber nicht vom Himmel.

facebook – 3. September 2021

Der Mensch im Mittelpunkt

Thema des Vortrags: „Es wäre Selbstmord, zu den Modellen von früher zurückzukehren (Zitat von Kardinal M. Grech). – Auf dem Weg zu einer diakonischen Reform der Kirche“

Heute Nachmittag nicht im Ahrtal, sondern in Trier: Priestertag – und damit die Möglichkeit, nach zwei Jahren viele Kollegen zu treffen. Und auch den Bischof, den Generalvikar.
Na, das war ja fast eine Reflexion der letzten 50 Tage unseres Arbeitens hier im Ahrtal, was Prof. Christoph Jacobs aus Paderborn vorgetragen hat.

Zusammenfassung (von mir): Kirche hat ihre Systemrelevanz verloren, aber nicht die Lebensrelevanz. Dazu muss der Mensch klar in den Mittelpunkt. Nicht das Drehen um sich selbst, eine schöne Vergangenheit oder „richtiges“ Glauben, sondern der Mensch – und da vor allem der geschundene, schwache Mensch –, der am Rand. Am Gleichnis des Barmherzigen Samariters: Der Dienst an dem, der unter die Räuber gefallen ist, ist Gottes-Dienst!

Ja, nicht viel Neues, aber so ziemlich genau das, was wir in den letzten Wochen erlebt haben. Als uns die Helferinnen und Helfer wie Barmherzige Samariter aufgeholfen haben, uns zur Seite waren, solidarisch, auch wenn sie zunächst „fremd“ waren ...

Konsequenz: Der Mensch ist der Dreh- und Angelpunkt der Kirche. Und was könnte das für uns hier heißen? Dass wir bei allem Mühen um den Wiederaufbau genau diese Frage stellen: Was braucht der Mensch hier und jetzt? Und vor allem der schwache Mensch! Und unsere Mutter Erde ist auch unter die Räuber gefallen ...
Das meine ich zuerst mal als Leitfrage für unseren kirchlichen Wiederaufbau, aber eigentlich könnte das doch auch für die Städteplanung und für allen Aufbau gelten, auch privat ...

Und ein Satz der Finanzdirektorin des Bistums, Kirsten Straus, am Montag hat sich den Kolleginnen und Kollegen und mir besonders eingebrannt: „Wenn ich weiß wofür, dann gehe ich auch betteln!" Es geht nicht um das Wieder-Herstellen dessen, was die Flut zerstört hat, das wäre bei den Schäden an den 22 Gebäuden der Kirchengemeinden hier in der Stadt viel zu teuer und nicht bezahl- und auch nicht verantwortbar.
ABER: Wenn wir den Menschen in den Mittelpunkt stellen und die Frage: Was wird denn jetzt und hier gebraucht, dann werden wir sicher – zusammen mit unterschiedlichsten Partnern – Projekte finden, die auch (von vielen gemeinsam) finanzierbar sind.

Mir kommen erste Ideen, ohne dass das mehr wäre als erstes „Spinnen":

* Genossenschaftliches und damit verbindliches und deshalb alternatives Wohnen.
* Gemeinsame Nutzung von Gebäuden, etwas Co-Working-Space (gerade jetzt, wo es viele Schreibtisch-Arbeitsplätze, auch zu Hause, nicht gibt) oder: otelo*,

offenes Technologielabor, genossenschaftliches Wirtschaften.

* Ein Café, geführt von Menschen mit Beeinträchtigung oder
* zusammen mit den Machern des Cafés „Heute für Morgen“ auf dem Marktplatz in AW: ein Café mit Angeboten zur Seelenhygiene, zum Austausch, zum Gesundwerden …

Und ich bin sehr sicher!!!, dass es noch viel, viel mehr Ideen und Projekte geben kann, die die Lebensqualität hier verbessern, indem sie zum Beispiel Wohnen in anderen Formen anbieten, gemeinsames Leben und gemeinsames Arbeiten möglich machen …

Ja, das wird dann kein Wieder-Herstellen dessen, was wir kennen, sondern eine neue Form. Eine, die eher passt zu heute und morgen als das, was wir verloren haben – und an dem unsere Herzen so sehr hängen.
Mir helfen solche Ideen und das gemeinsame Suchen auch beim Abschiednehmen vom so Liebgewordenen, Vertrauten – mit dem so viel an guten, schönen Lebenserinnerungen verbunden ist …

* Mehr zu diesem tollen Projekt von Martin Hollinetz und seinem Team unter www.oteloegen.at

Eine beschädigte Marienstatue steht neben Opferkerzen in der alten Friedhofskapelle auf dem nach der Flutkatastrophe zerstörten Friedhof in Ahrweiler. Der Innenraum der Kapelle wurde ein Gedenkort für die bei der Flutkatastrophe gestorbenen Menschen.

Würdest du doch nur endlich
dein Schweigen beenden,
doch ich halte es aus und halte dich aus,
oh Gott.

Halte du mich aus!
Und halte mich, Ewiger! Halte mich!

Stephan Wahl,
Ahrpsalm

Von der ersten Raus-Zeit

Das erste Mal nach der Flut raus dem Tal. Das wird wie so vieles andere tief in Erinnerung bleiben. Nach zwölf Tagen war ich aus unserem Arbeitskreis dran, eine kurze Auszeit zu nehmen. Wir hatten schon nach einer Woche danach gefragt, wer wann Pause macht, ja machen muss. Denn schnell wurde klar: Wir können so nicht über Monate weitermachen. Wir müssen unsere Kräfte behalten, es liegt ein Marathon vor uns.

Ich war bei einem Freund in Trier eingeladen. Schon die Fahrt dorthin war seltsam für mich, denn die Straßen waren befahrbar, die Verkehrsregeln galten überall, und es gab nicht ständig unvorhergesehene Hindernisse.

Es war unmittelbar erlebbar, was ein Kollege aus Trier schon am dritten Tag bei einer Besprechung zur Unterstützung sagte: „Wir leben in zwei Welten!"

Es war dann in Trier auch ungewohnt für mich, dass es in der Wohnung Strom gab und deshalb der Lichtschalter wirklich funktionierte und ich mein Handy jederzeit aufladen konnte, dass der Gang zur Toilette keine längere Planung brauchte und dass durch die Fenster frische Luft ohne Staub und Ölgeruch kam. Ich brauchte auch meine Schuhe nicht draußen stehen zu lassen. Ich konnte warm duschen. Und es gab Essen, das auf dem Herd gekocht wurde, und Weißwein dazu aus dem Kühlschrank. Das alles kannte ich seit der Flut ganz anders. Auch wenn ich immer im eigenen Bett schlafen konnte, was schon ein unglaubliches Geschenk ist.

Die Ruhe tat unendlich gut.

Und dann: ein Schritt vor die Tür – in diese andere Welt, in der ganz andere Regeln gelten als bei uns. Kann ich das so noch? Es kostet Überwindung. Ein erster Cappuccino in einem Straßencafé. Glockenläuten. Der Einkauf einer kurzen

Hose oder besser das Bewältigen der Riesenauswahl schaffe ich mit Hilfe einer freundlichen Verkäuferin („Ach, aus dem Ahrtal …“). Das Zuhören. Der Austausch. Ein paar Deutefolien, auch aus der Bibel. Das gemeinsame Gebet, zum ersten Mal seit langem. Eine Nacht ohne Stromgeneratoren.

Ein wirkliches Aufatmen! Ein Aufatmen, das ich mit dienstlichen Besuchen im Generalvikariat und im Stiftungszentrum verbunden habe.

In Erinnerung bleibt mir die letzte Frage einer Kollegin nach einem intensiven Gespräch: „Und wie fährst du jetzt wieder nach Ahrweiler?“ Ich habe diese Frage zunächst gar nicht verstanden, was an den „zwei Welten“, aber auch an der Überlastung des Kopfes liegen kann. Mit welchem Gefühl ich wieder zurückfahre, ob mit Ängsten oder Trauer oder einem dicken Kloß im Bauch. Oder ob ich überhaupt zurück will … „Natürlich fahre ich zurück! Wohin denn sonst? Das ist doch meine Heimat!“

Wir haben uns verstanden.

Teil 2

Der Ahrpsalm von Stephan Wahl hat mir das Gebet wiedergegeben. Der Psalm ist tausendfach zitiert und von Millionen Menschen gehört worden. Stephan hat Worte gefunden, das Unaussprechliche auszusprechen und vor Gott zu bringen. Der Ahrpsalm ist das Gebet der ersten Stunden. Und das macht diesen Text so kostbar, so einzigartig. Die Schritte ins Leben hat er nicht im Blick, konnte er auch so unmittelbar nach der Flut nicht.

In diesem Buch will ich auch diese Schritte beschreiben. Dabei hilft mir ebenfalls ein Gedicht, die Gedanken zu sammeln und zu ordnen.

Ein Gedicht, geschrieben 1957, rätselhaft-rückblickend; zäh und mahnend, wenn es um das Stehen und Aushalten in der Katastrophe geht. Im zaghaften Vorausblick ehrlich-ernst im realistischen Blick. Da wird nichts beschönigt. Für den zweiten Teil des Buches werden einzelne Verse dieses Gedichtes die Kapitel gliedern.

Bitte.

Wir werden eingetaucht
und mit den Wassern der Sintflut gewaschen
Wir werden durchnässt
bis auf die Herzhaut

Der Wunsch nach der Landschaft
diesseits der Tränengrenze
taugt nicht
der Wunsch den Blütenfrühling zu halten
der Wunsch verschont zu bleiben
taugt nicht

Es taugt die Bitte
dass bei Sonnenaufgang die Taube
den Zweig vom Ölbaum bringe
dass die Frucht so bunt wie die Blume sei
dass noch die Blätter der Rose am Boden
eine leuchtende Krone bilden

und dass wir aus der Flut
dass wir aus der Löwengrube und dem feurigen Ofen
immer versehrter und immer heiler
stets von neuem
zu uns selbst
entlassen werden.[8]

Hilde Domin

---

8 Aus: Hilde Domin, Gesammelte Gedichte, S. Fischer Verlag GmbH, Frankfurt am Main 1987.

Wir werden eingetaucht
und mit den Wassern der Sintflut gewaschen
Wir werden durchnässt
bis auf die Herzhaut

Hilde Domin,
Bitte

Ein Mädchen wäscht das Stofftier eines Nachbarkindes, das es bei den Aufräumarbeiten ein paar Häuser weiter in Ahrweiler gefunden hat.

Bis auf die Herzhaut

Als mir eine gute Bekannte in den Wochen nach der Flut das Gedicht von Hilde Domin schickt, nehme ich es mit völlig neuen Augen und Ohren wahr. Ich kenne es schon lange, ich mag die sprachgewaltigen Gedichte der Jüdin, ihre Bücher stehen in meinem Wohnzimmer, neben denen meiner anderen Lieblingsautoren. Aber jetzt: *Eingetaucht. Mit Wassern der Sintflut gewaschen.* Die Ahr-Flut hat so viele Leben ausgelöscht. So viel zerstört in einer Nacht. Untergang.

Und das geht bis ins Innerste. Das Wasser hat vor nichts haltgemacht. Wir waren nicht vorbereitet. Kein Noah hat eine Arche gebaut. Die Sandsäcke und das Weglaufen halfen nicht. Das Wasser kam überall hin. – Und wenn nicht in der Flutnacht, so doch in den darauffolgenden Tagen und Wochen. Jede Ritze unseres Seins hat diese Flut erreicht und Schaden hinterlassen. Da hilft auch kein Ranking der Betroffenheit wie „Nur der Keller“ oder „Nur der erste Stock“ oder „Ist ja alles heil geblieben“.

Wer hier im Tal lebt oder hierher kam, dem drang das Wasser bis ins Innerste. Bis ans Herz. Die riesige Not hat verletzt, selbst die, die als Helfer kamen. Sie alle haben unsere Flut-Not an ihr Helfer-Herz gelassen. Und wenn sie wieder fahren, dann nehmen sie die Not und das Elend mit nach Hause.

Psychologen nennen das posttraumatische Belastungsstörungen. Im Dezember wird in Kooperation mit der Dr. von

Ehrenwall'schen Klinik und der DRK-Klinik für Kinder- und Jugendpsychiatrie (beide sind an ihren Standorten schwerst getroffen) das „Trauma Hilfe Zentrum im Ahrtal" (THZ) in den Räumen des Priesterseminars St. Lambert in Lantershofen eröffnet.

Laut Studien tragen bei Naturkatastrophen etwa zehn Prozent der Betroffenen eine posttraumatische Belastungsstörung davon. Bei mehr als 40.000 direkt Betroffenen im Ahrtal würde das 4.000 schwer Traumatisierte bedeuten. Katharina Scharping, die Leiterin des THZ im Ahrtal, geht allerdings von weitaus höheren Zahlen aus: „Neben den Bewohnern haben auch Helfende seelische Verletzungen davongetragen, ob das nun Einsatzkräfte von Feuerwehr oder Technischem Hilfswerk waren oder Freiwillige, die in den Tagen, Wochen und Monaten danach ins Tal geströmt sind. Insgesamt könnten 150.000 betroffen sein – wir hatten ja alleine 100.000 Helfer – dann wären mindestens 15.000 Menschen schwer traumatisiert."[9]

„Durchnässt bis auf die Herzhaut … "

Hilde Domin bringt das ins Dichterinnen-Wort. Sie macht mir mit ihrem Bild von der Herzhaut auch unglaublich Hoffnung: So beladen und verwundet, so „durchnässt" und zutiefst getroffen wir sein mögen – da ist ein Ort, der heil geblieben ist. Das Wasser geht eben „nur" bis zur Herzhaut.

In all dem Schweren ist es eine wunderbare Aufgabe, diesen Ort zu suchen. In mir. Diesen Ort, den das schrecklichste Wasser, die traurigsten Erfahrungen und das größte Leid, ja selbst der Tod nicht erreichen können. Ein Ort wie ein Schatz. Nicht zu fluten, nicht zu verletzen.

9 Katharina Scharping in der „Tagesschau" vom 23.1.2022.

Wir haben diesen Ort in uns. Jede und jeder. Manches Mal sehr verschüttet. Die Wege scheinen unendlich weit, unzugänglich, fremd. Es ist ein Ort des Friedens. Das Innerste der Seele nennen es manche. Die Namen sind höchst verschieden, auch die Bilder und Vorstellungen je nach Spiritualität und psychologischen Schulen.

Hilde Domin spricht es gar nicht aus. Sie benennt nur die „Herzhaut", die diesen „Ort" umgibt und die das Wasser abkriegt, obwohl sie doch als Schutz des Innersten selber zu schützen wäre. Die so tiefen Erschütterungen machen wohl das aus, was mit dem Begriff traumatische Erlebnisse bezeichnet wird. *„Bis auf die Herzhaut …"*

Ich will mich auf die Suche machen nach dem Unverletzlichen und Unzerstörbaren. Nach dem Heilen und dem Heilenden. Ich will nach den Kräften und Erfahrungen suchen, die weitermachen lassen.

facebook – 12. August 2021

(sehr gewagt) Träume in die Zukunft

Ich weiß, dass es noch zu früh ist. Wir stecken noch immer im Staub und Dreck – oder im (schon verwendeten) Bild: Wir stehen immer noch bis zum Hals im Wasser – der Boden ist spürbar, aber das rettende Ufer haben wir noch nicht erreicht.
Und doch klingt in Gesprächen immer wieder an: „Wie wird das denn hier bei uns mal?" – „Nicht mehr so schön, wie es mal war. Anders, aber schön!"

Heute hat Ursula, junge Mutter von drei Kindern, mit mir über diese Frage gesprochen, die sie umtreibt, beschäf-

tigt – und ich war so angerührt, weil sie so gut (viel besser als ich) in Worte fassen konnte, was auch ich empfinde und in mir umgeht.
„Die Flut hat alle Zäune und Mauern weggerissen!", sagte sie. WOW! Das ist mir noch gar nicht so aufgefallen. Aber es stimmt. Das Klein-Klein, das „Jeder für sich", das Drehen um den eigenen Bauchnabel, das „Ich/Wir zuerst!" – das ist doch bei ganz vielen weg ...

Die Solidarität der anderen lässt uns leben. Dass wir in der Not nicht allein sind, macht uns Hoffnung! Wir gehen so miteinander um, wie wir es uns eigentlich wünschen:

* Wir achten aufeinander,
* wir haben Zeit zum Reden,
* wir fragen ehrlich nach, hören zu,
* wir sind achtsam für die Tränen und zeigen unsere Verletzlichkeit, müssen nicht immer nur stark und unverwundbar sein,
* wir sagen viel öfter Danke, weil so vieles uns nicht mehr selbstverständlich ist, was vorher doch „normal" war,
* wir teilen, wenn wir etwas haben, was anderen fehlt ...

Natürlich nicht alle, aber doch ganz, ganz viele – und das macht mir so viel Mut! Wenn jemand sagt: „Ich werde meine Kraft dafür einsetzen, dass wir in der Nachbarschaft auch weiter so zusammenhalten!" Das müssen wir doch behalten! Als wirkliches Geschenk dieser Tage! Und wie sieht unsere Stadt, unser Tal aus, wenn wir die Mauern und Zäune nicht mehr aufbauen? So verbunden bleiben, wie wir es jetzt „genießen" ...

Die Är... werden sich weiter um sich drehen, ihre Schäfchen ins Trockene bringen und am Ende (finanziell) womöglich noch besser dastehen als vorher ...
Die vielen anderen werden – so träume ich – eine bessere Gesellschaft, mit mehr Zusammenhalt, weniger Geld, weniger Luxus, einfacher und bescheidener, aber mit mehr Freude, mehr Gelassenheit, mehr Zufriedenheit bauen, die andere anzieht. Weil es einfach verlockend ist, näher und mit der Umwelt zu leben als gegen sie, auch wenn es den Verzicht auf etwas Lebensstandard und Luxus bedeutet. Weil es glücklicher macht zu geben, als zu nehmen; die Hand zu öffnen, als zu grabschen, was ich kriegen kann, „koste es, was es wolle".

Es fühlt sich einfach besser an, Verantwortung für die Nahen und auch die Fernen zu übernehmen (in dem Rahmen wie es möglich ist!!!), als zu denken: „Das geht mich nichts an!" (Eltern und Großeltern machen das doch so).

An diesem Traum will ich arbeiten. Und ich ahne, dass es da noch viele, viele andere gibt, mit ähnlichen Gedanken, Ideen, Ansätzen, die sich solche Fragen schon stellen – beim Aufbau des Hauses (wie ökologisch passiert der denn?), beim Einkaufen oder angesichts des vielen Plastiks, das wir gerade verbrauchen (müssen).

Ich weiß, dass es auch Menschen gibt, die eine neue Form von Kirche-Sein träumen: unter den Menschen, für die Menschen, dienend, einladend für alle, um Antworten ringend mit denen, die Fragen stellen oder dicke Sorgen haben ...

Mit diesen Träumerinnen und Träumern will ich mich verbinden!
Wo seid ihr? Wovon träumt ihr?
Lasst uns gemeinsam eine neue Zukunft bauen. Auch wenn sie noch in einiger Entfernung liegt. Auch wenn es mühsam wird. 💪💨😩

PS: Wenn der Beitrag geteilt wird, finden sich bestimmt noch mehr, die an der Realisierung von Träumen arbeiten wollen.

Ja, es ist im August noch zu früh für diese Träume. Doch auch da gibt es schon Ahnungen von der Richtung, in die es aus meiner Sicht gehen muss:

facebook – 13. August 2021

Heim-Weh

Das Wort hat einen ganz neuen Klang. Ich weiß noch, als ich das erste Mal Heimweh hatte: am 1. Kindergartentag. Da war ich vier und mein Bruder Rainer drei, und wir saßen verloren an einem Tischchen und heulten beide: Unsere Eltern fehlten uns.

Später war Heimweh ein Gefühl, das ich kaum kannte. Ich war gern da, wo ich war. Und woanders sein wollen, das ist mir eher fremd.

Aber jetzt ist das Heim-Weh nicht das Gefühl, in der Fremde zu sein und nach Hause, ins Vertraute zu wollen. Es ist das Gefühl, dass die Heimat schmerzt, wehtut. Die

Heimat – wie sie jetzt ist –, so verletzt, verwundet und zerstört:

Die Landschaft, die mir so lieb und ans Herz gewachsen ist,
die Traditionen, die wir feiern und die das Jahr gliedern,
der Wein, der um uns wächst und so viel Lebensfreude und Menschen ins Ahrtal bringt,
die vielen, die hier leben, die ich kenne,
und die, die ich Freunde nennen darf,
die vielen, mit denen ich im Laufe der Jahre ein Stück Leben auch im Glauben feiern durfte – all das ist Heimat ... und sicher noch viel mehr.

Und das alles ist so schwer verletzt:

Der Landstreifen entlang der Ahr ist mir völlig fremd, nicht wiederzuerkennen,
die Traditionen sind nun schon im zweiten Jahr ausgesetzt, und sie fehlen einfach,
der Wein schmeckt allein gar nicht,
und die Menschen? – Viele hab ich schon so lange nicht mehr gesehen, trotzdem fühle ich mich verbunden, gerade in diesen trüben und schweren Wochen.

Heim-Weh – das spüre ich auch im Abschiednehmen von den Verstorbenen, das Weh und laute Weinen der Angehörigen, die Fragen und Zweifel, all das Leid ... ist mir weh.
Heim-Weh – die Menschen, die nicht mehr aufbauen wollen oder können –, das ist mir weh.
Und dann tauchen neue Stücke Heimat auf:

Heute Morgen hat mich Kai zum Abend mit den Feuerwehrkameraden eingeladen. Nicht nur, weil ich am Abend der Flut geholfen habe, das Ahrweiler-Feuerwehrhaus zu evakuieren und wohl später der Letzte war, der mit Friedhelm und Alex zusammen das Feuerwehrhaus zugemacht hat, als die Ahr über die Ufer trat, sondern, weil ich dazugehöre und die Männer und Frauen kenne, oft schon von Jugendtagen an, und es eine Vertrautheit gibt, die in diesen Krisenzeiten trägt.

Es ist mir eine Ehre, liebe Feuerwehrkameraden aus dem AHRTAL (so steht es auf dem neuen T-Shirt, das sowohl die Neuenahrer als auch die Ahrweiler Feuerwehr jetzt trägt), es ist mir eine große Ehre, euch in euren Helden-Einsätzen zumindest in Gedanken und Gedenken – und einmal auch ganz nah – begleitet zu haben und zu begleiten. Das T-Shirt trage ich mit großem Stolz als ein Zeichen der Heimat, die zusammenwächst ... denn auch ihr habt ja jetzt (erst mal?) ein gemeinsames Feuerwehrhaus. Und ihr fühlt euch damit ganz wohl.

Heimat – das ist dort, wo wir hingehören. Wo wir bleiben, wenn wir gehen. Wo wir unseren Platz haben, wenn es eng wird. Und an dieser Heimat und mit ihr leiden wir in diesen Tagen. Und: Wir werden sie wiederaufbauen, damit sie auch für die kommenden Generationen Zuhause sein kann.

Danke für all euren Einsatz dafür!

AHR-Weh

Wenn wir aus dem Ahrtal an Heim-Weh leiden, dann leiden die vielen Helferinnen und Helfer von überall her an „AHR-Weh“. Denn wenn sie nach ihrem Einsatz, und das waren bei vielen ja Tage und Wochen, wieder nach Hause fahren, dann nehmen sie „uns“ und das Ahrtal mit: die vielen Bilder, Erlebnisse und Erfahrungen, das Leid und das gemeinsam Geschaffte. All das nehmen sie mit, tief in ihrem Herzen ist es eingegraben. Und nicht wenige spüren zu Hause, wie weh das tut. *„Durchnässt bis auf die Herzhaut ...“*

Sie wollen wieder hierher, spüren die Sehnsucht nach dem Tal und den Menschen hier, die ihnen Freund oder Freundin geworden sind.

„Alle 11 Minuten verliebt sich ein Helfer ins Ahrtal“ wurde zu einem der Slogans, die über den Helfershuttle zu einem der Ahrtal-Sprüche wurde, und den Weg auf Aufkleber, T-Shirts, Autos und Hauswände fand.

Ihr lieben, guten Helferinnen und Helfer! Dieser Schmerz verbindet uns alle miteinander. Es sind die gemeinsamen Stunden des Schuftens, das Lachen und Feiern, das Weinen und Entsetzlich-müde-Sein, die Erfahrungen von Sinn und Selbstwirksamkeit – das alles und eure Energie und eure Zuwendung, das alles ist Ahr-Weh. Und wundert euch nicht, dass es euch immer wieder hierherzieht. Es ist eine Wunde, die wir alle tragen. Es sind die wichtigsten Stunden unseres Lebens.

„Alle 11 Minuten verliebt sich
ein Helfer ins Ahrtal.“

Der Wunsch nach der Landschaft
diesseits der Tränengrenze
taugt nicht
der Wunsch den Blütenfrühling zu halten
der Wunsch verschont zu bleiben
taugt nicht

Hilde Domin,
Bitte

Im August 2021 sind Zukunftsbilder und -ideen noch weit weg. Die meisten sind mit dem Aufräumen voll beschäftigt. Alles hat seine Zeit. Bevor wir die Schritte nach vorne gehen können, gibt es noch manche Fallen und das, „was eben nicht taugt“. Hilde Domin benennt die Wünsche nach „dem Land diesseits der Tränengrenze“, nach dem „Blütenfrühling“ und danach, „verschont zu bleiben“, als nicht tauglich auf dem Weg in die Zukunft. Was sie damit genau meint, wird keine Interpretation voll ausschöpfen. Aber konkrete Erlebnisse lassen es ahnen.

Eingänge und Fenster von Häusern im historischen Stadtkern von Ahrweiler sind mit Holzplatten abgedichtet. Auf das Holz sind Kleeblätter, Herzen und das Wort „Danke" gesprüht.

Ein paar Hindernisse kann ich aus der Erinnerung beschreiben. Steine und Stolperfallen auf dem gemeinsamen Weg nach vorne, in eine bessere und solidAHRischere Zukunft im Ahrtal. Vielleicht sind es auch Stolperstellen auf anderen, ähnlichen Wegen raus aus Krisen.

facebook – 5. Oktober 2021

Mit Frust leben

„Jeder Mensch ist mit den Gefühlen der Frustration vertraut. Sei es, dass sie daher stammen, dass deine Bemühungen ein Ziel verfehlen, oder dass die Bemühungen eines anderen deine Bedürfnisse nicht erfüllen." – so steht es im Internet.
Ich habe das noch mal nachgelesen, weil ich immer wieder spüre, dass der Frust steigt, weil Bemühungen das Ziel verfehlen:

Es geht nicht weiter mit dem Bauen, dem Trocknen, den Handwerkern … Wie viel Geduld braucht es, wenn es nicht klappt, wie es eigentlich gewollt ist … Und Geduld ist wohl nicht nur bei mir schwer aufzubringen …

So gerne will ich Menschen helfen und komme an meine Grenzen damit … Die Zukunft in den Blick nehmen und sinnvoll aufbauen, ist mir ein Herzensanliegen, und doch geht vieles (z. B. unter Zeitdruck oder mangels Kenntnis von Alternativen) weiter wie bisher …

Und weil die Bemühungen der anderen meine Bedürfnisse nicht erfüllen: Der Handwerker hat erst Termine in ein paar Wochen, das Material kommt nicht bei, die Heizung geht immer noch nicht …
Die Anträge für die Zuschüsse aus dem Aufbaufonds sind doch kompliziert, es dauert, es bleibt Ungewissheit …
Ich fühle mich nicht gesehen, nicht verstanden, allein gelassen mit all den Verantwortungen, Entscheidungen …

Dann gibt es mehrere Möglichkeiten:

* Das Adrenalin steigt, der Frust auch, die Aggression wächst. Irgendwann ist es zu viel, dann wird geschimpft und „Druck abgelassen" („Das musste mal gesagt werden!") und es werden Verantwortliche gesucht für das Desaster, in dem ich stecke. Das sind meist nicht Menschen, die ich kenne, sondern „die da oben", die keine Ahnung haben, die mich noch nie besucht haben. Die nur ihre Vorschriften sehen, aber nicht den Menschen (mich) ... Das ist das, was spürbar ist: der Ärger auf Verwaltungen, Politiker und Verantwortliche.
* Ich mache mir bewusst, dass es in Krisen Frust gibt. Das ist unvermeidlich und muss kommen. Weil eben nicht alles klappt und glatt laufen kann, weil es Probleme gibt, die weder ich noch andere sofort oder zumindest zügig lösen können. Weil es zu viele Aufgaben gibt und die erledigten Berge gar nicht gefeiert werden (können), und sofort neue, oft sogar größere Berge warten. Dieses Wissen entlastet, nimmt Druck: Die Verzögerungen, Sorgen, Aufgabenberge liegen weder an mir noch an irgendwelchen anderen („Deppen"), sondern sind Teil der Krise.
* Dann heißt es mit Frust umgehen – ihn aushalten, damit leben –, auch wenn das verdammt schwer ist und Kraft kostet, die wir eigentlich nicht haben.

Dabei hilft:

* Sport und Bewegung (weil es Aggressions-Energie abbaut und positive Energie auflädt);
* längere Pausen oder wenigstens zwei Minuten Durchatmen (weil es Abstand verschafft und den Tunnel-Blick auf die Probleme weitet);

* Aufschreiben oder Drüberreden (weil es das Kreisen der Gedanken und damit das Kreisen um mich selbst unterbricht);
* meine Erwartungen anschauen und fragen, ob sie enttäuscht wurden und so den Frust auslösen (weil ich dann die Auslöser vermeiden kann);
* mir selbst was Gutes gönnen (weil mich das mit den negativen Gefühlen versöhnt).

Es gibt natürlich noch viel mehr zu Frust zu lernen. Sicher hilft es, wenn Frust auftaucht, noch mal darüber nachzudenken, mit jemandem zu sprechen. Und etwas nachzulesen – wenn ich merke, wie ich entweder aggressiv oder eher depressiv auf Menschen bzw. Situationen reagiere, also die Energie sich nach innen kehrt und sich dort einnistet.
Wir sind alle in dieser (Nach-)Katastrophenzeit emotional noch immer in einem Ausnahmezustand. Auch das ist wichtig:

* anderen zu verzeihen, wenn ich selber Ziel von Frustattacken werde,
* mir selbst zu verzeihen, wenn ich zu laut werde,
* und das auch bei anderen zu sagen, die das aushalten mussten.

So kann das Schwere, das Bedrückende, das zu Frust führt, auch leichter ausgehalten werden – in großer SolidAHRität.

facebook – 15. Oktober 2021

Drei Monate

Es ist kaum in den Kopf zu kriegen, was da vor drei Monaten passiert ist. Ich habe eben die ersten Seiten von Andy Neumanns Buch[10] gelesen. Die Flutnacht ... ich kriege es immer noch nicht in den Kopf, dass das nicht ein Roman, sondern genauso passiert ist ... dem Andy und seiner Familie ... und noch Tausenden anderen im Tal. Ich hatte in dieser Nacht keine Todesangst und hab auch die Folgen überhaupt nicht ausdenken können. Auch mir ist die Flut eingebrannt ...

Und jetzt drei Monate diesen Wahnsinn um Wasser, Schlamm, um Leerräumen und auf Rohbau setzen, um Anträge und Geduld ... um Organisieren, was völlig kaputt ist ...
Die Gerüche von Öl und Schlamm und Staub, von Diesel und Desinfektionsmittel ...
Der Lärm der Flut, der Hubschrauber und Martinshörner, der Generatoren und jetzt der Bautrockner ...
Der Blick in den schwarz-braunen Abgrund der Hölle und der Goldstreif am Himmel in all den wunderbaren Helfern ... alles ist eingebrannt in die Seele.
Völlig neue Leute kennenlernen – als Freunde. Dem Sinn des Lebens und dem, was wirklich wichtig ist, auf die Spur kommen.
Dankbar sein für das, was sonst selbstverständlich war: Wasser aus dem Hahn und für die Toilette, Strom aus der Steckdose, warmes Wasser zum Duschen, das rich-

10 Andy Neumann: Es war doch nur Regen!? Protokoll einer Katastrophe, Gmeiner Verlag, Meßkirch 2021.

tige Werkzeug, Brücken, die verbinden, gefahrlos befahrbare Straßen, einkaufen und Vorräte, Kühlschrank, Waschmaschine, Heizung ...
Und so wunderbare Menschen ... immer wieder ...
Emotionen von allen Sorten: weinen und klagen, verstummen und aushalten, lachen und ausgelassen feiern, trotziges Weitermachen, glückliche SolidAHRität, ungeahnte Kreativität, umarmen aus Freude und im Verzweifelnd-Suchen, offenes Erzählen und Zuhören, Verstehen und Verstanden-Werden, Weiter- und Neu-Denken und mutlos den Kopf hängen lassen, schlaflose gedankenvolle Nächte ...
Glauben neu lernen, Gott nicht mehr verstehen und neu finden – im konkreten Menschen, im Gebet der anderen für uns, in der Würde, die die anderen zusagen ...
Es sind volle drei Monate ...
Unfassbar volle drei Monate ...
Eine Zeit, die ich nie vergessen werde in meinem Leben.
#solidahrität #weahrone #heimat

Weder religiös noch gläubig

Auf den Post vom 15. Oktober hat sich Stephan, ein Freund eines Freundes, per Messenger gemeldet und mir geschrieben: „Dieser Post hat mich sehr berührt!“ Insbesondere der Satz: „Völlig neue Leute kennenlernen – als Freunde. Dem Sinn des Lebens und dem, was wirklich wichtig ist, auf die Spur kommen.“

Darüber schreiben wir uns dann sehr ernsthaft hin und her. Wieder eine der Begegnungen, wenn auch zuerst nur virtuell, die mich im besten Sinne herausfordert und mich im Nachdenken weiterbringt. „Diesseits der Tränengrenze … taugt nicht …“, die Uhr lässt sich nicht zurückdrehen, so schön es wäre, in die Zeit vor der Flut mit ihren Deutemustern und Weltbeschreibungen zurückzukönnen.

Stephan schreibt unter anderem, dass er weder religiös noch gläubig ist. Menschen, die das von sich sagen, habe ich etliche in den Wochen und Monaten nach der Flut kennengelernt und bzw. oder neu kennengelernt. Wahrscheinlich wären wir uns ohne die Flut nie begegnet. Es sind Begegnungen, die ich in meiner Kirchenblase nie gemacht hätte. Menschen, die mir als Kirchenmann nie begegnet wären, weil unsere Welten sich nicht berühren. Und gerade das macht das Leben doch aus: Dass sich Welten berühren, dass Neues in meinen Horizont und mein Denken kommt. Genau das ist doch das Leben.

Cornelia Weigand, die als Bürgermeisterin von Altenahr im Januar 2022 zur Landrätin gewählt wird, sagt von sich, dass sie Atheistin ist. Sie macht einen bewundernswerten und ehrlichen Job für die Menschen, die Begegnungen mit ihr waren bereichernd, inspirierend und Mut machend.

Andy Neumann, der Kriminalkommissar und Buchautor, braucht die Kirche nicht, auch wenn er mal in einer unserer Messen Musik gemacht hat. Und doch haben wir uns in den Flutwochen oft geschrieben, Mut gemacht, die Zweifel und Fragen ausgetauscht und uns heftig umarmt, als wir uns dann endlich mal wieder begegnet sind. Ohne ihn wäre dieses Buch nicht entstanden.

Von den Helfern Markus und Sven weiß ich, dass sie „mit Kirche nichts am Hut haben“, und doch haben sie in der Kirche geholfen. An einem der vielen Wochenenden, an denen sie hier mit ihrem Equipment im Tal waren, ohne Geld, ohne Entlohnung – „einfach so“.

Über Kirche und Glaube habe ich nur mit wenigen Helfern gesprochen, das war auch nicht wichtig. Mir sind sie alle als „prächtige Menschen“ in Erinnerung. Tamara und Reinhard vom Kaffeestand, Anette und auch Charly, Melli und all die anderen, die immer wieder kommen. Ich hätte sie ohne die Flut sonst wohl nie kennengelernt und mein Leben wäre deutlich ärmer. Sie haben mir geholfen, das Leben besser zu verstehen. Denn unsere alten Vorstellungen, wie Leben geht, wie Wunden heilen, was wichtig ist im Leben, das „taugt nicht“, würde Hilde Domin sagen. Es trägt nicht nach der Flut. Doch diese Menschen haben mir geholfen, Worte wie Dienen, Helfen, Solidarität, Nächstenliebe oder Diakonische Kirchenentwicklung mit neuem Leben zu füllen. Ohne dass sie selbst diese Begriffe (die sind ja auch aus unserer Kirchenblase) verwenden würden.

Natürlich kenne ich Karl Rahners Wort vom „anonymen Christentum", dass so vieles, was Jesus uns lehrt, von Menschen gelebt wird, die sich gar nicht zum Christentum zugehörig fühlen. Ich will das Christentum keinem überstülpen! Dafür habe ich viel zu viel Respekt vor jeder Person. Das wollte auch Rahner mit diesem Gedanken nicht. Aber ich entdecke wieder neu, dass das, was wir Kirche nennen, nur ein winziger Ausschnitt ist, und dass so viele Menschen so viel Gutes tun. Alte Vorstellungen taugen nicht mehr – weder in unserer deutschen Kirchenkrise mit ihren immer neuen Katastrophenmeldungen noch im Ahrtal.

Was würde Jesus diesen Menschen wohl sagen? Vielleicht Worte wie „Du bist nicht fern vom Reich Gottes", wie er sie dem Mann gesagt hat, der ihn nach dem gelingenden Leben gefragt hat. Die Liebe ist das Wichtigste, sagt ihm Jesus. Und das ist doch der Maßstab all der wundervollen Menschen, die ich in diesen Wochen kennenlernen durfte: Stephan, Mandy, Jo, Björn, Thomas, Thomas, Marc, Kai, Richard, Tanja, Andrea, Florian, Melli, Charly, Kai, Deniz, Roger, Steven, Tamara, Heinz, Thea, Jutta, Karl-Heinz, Anette, Markus, …

Danke, dass es euch gibt!

Die Kaffeebude

Vielleicht ist hier auch der Platz, von Tamara und Reinhard zu erzählen – als zwei von denen, die als Helfer kamen, andere mitbrachten und hierblieben.

Die beiden brechen Anfang August ihren Urlaub ab und kommen ins Ahrtal, konkret auf den Ahrweiler Marktplatz. Sie kommen mit ihrem Wohnmobil, das sie liebevoll Anna nennen. Und Jonathan ist dabei, ihr neunjähriger Sohn. Ihn lerne ich als Ersten kennen. Er läuft über den Markt, schaut jeden an und fragt: „Kaffee? – Groß oder klein?"

Schnell spricht sich das Angebot unter den Anwohnern und den vielen, vielen Helferinnen und Helfern in Ahrweiler rum: Auf dem Marktplatz gibt es Kaffee, echten, richtigen Kaffee! Es sind sehr bald Hunderte Kaffeebecher, die ausgegeben werden. Und damit auch eine kleine Pause schenken sowie ein Zuhören und ein Lächeln.

Die Familie bleibt zunächst einmal während ihres Urlaubs. Doch dann spüren die drei, dass sie hier gebraucht werden. Sie kommen anschließend an jedem Wochenende vorbei und bringen Freunde mit: Jutta und Kalle mit ihrer Tochter Lisbeth, ebenfalls aus Havixbeck, das liegt bei Münster. Längst gibt es – dank Facebook und den anderen Kommunikationsmitteln – weitere Helferinnen und Helfer: Anette aus Bonn kommt ganz oft, Susi stößt dazu, Christina, Bärbel, ... später Ulli und Linda. Es gibt keinen Tag ohne Kaffee auf dem Marktplatz. Und allermeist auch ein Stück Kuchen. Ich habe keine Ahnung, wo der Kuchen immer herkommt, wahrscheinlich aus der halben Republik.

Dann findet sich ein Bauwagen und es werden ein Zelt und ein Pavillon aufgestellt. Tische und Stühle finden sich auch, sie gibt es auf dem Markt noch als Flutgut der Außengastronomie, der Restaurants und Eiscafés. Die Nachbarn kommen sogleich, sie sind froh, einen Ort zu haben, wo man sich mal hinsetzen kann. Wo jemand zuhört, wo erzählen möglich ist. Das ist bis heute so.

Als es im Herbst kälter wird, bauen Wandergesellen einen Holz-Pavillon auf dem Markt auf. Selbst in den Wintermonaten bleibt das Angebot der Kaffeebude mit dem Beinamen „Heute für Morgen" bestehen. Trotz Corona, dann eben weiter draußen, und mit dicken Decken und Heizpilzen. Zu Hause ist es ja auch nicht wärmer …

Tamara und Reinhard spüren immer mehr: Das hier ist das, was wir eigentlich wollen! Wir wollen für die Menschen da sein und ihnen ins Leben helfen. Einfach zuhören und vielleicht mit einem guten Rat und Mut unterstützen, dass es hier gut weitergeht. Sie wissen dabei um ihre persönlichen Grenzen, schicken schon mal jemanden zum Pastor und verweisen auf professionelle Unterstützungsangebote. Längst sind sie bestens vernetzt mit anderen Helferinnen und Helfern, etwa mit Nathalie und Bianca, die zuletzt die benachbarte Spendenausgabe in der Zehntscheuer koordinieren und die dann ans Ahrtor umziehen und die „ZuverAHRsicht" gründen. Oder mit Yvonne, die den städtischen Infopoint am Markt betreut, und so viele Infos weitergibt, Vernetzungen schafft und passende Hilfe besorgen kann.

Natürlich sind Tamara und Reinhard auch in ihre Heimat vernetzt. Es kommen über „Heute für Morgen" ganz viele Spenden und Hilfsgüter direkt und konkret zu Familien und Personen. Selbst Urlaubstage werden mit Unterstützung der dortigen Rotarier vermittelt, sodass Menschen aus dem Ahrtal mal aufatmen dürfen. So läuft das – nicht nur in Ahrweiler, nicht nur am Marktplatz, sondern an ganz vielen Orten im Ahrtal.

Sie arbeiten dann zu dritt an einem Konzept, um die vielen Ideen zu bündeln, vernetzen sich mit Martin von „otelo" in Österreich, bekommen Unterstützung zur Gründung und zu rechtlichen Fragen von der Hans Lindner Stiftung, und sie spüren: Hier ist unser Platz. Wir haben so viele weitere Ideen. Wir gehören nach Ahrweiler.

Sie beschließen, ihre Arbeitsstellen zu kündigen, ihr Haus zu verkaufen und nach Ahrweiler zu ziehen. Doch Wohnraum ist knapp im Tal, angesichts der Zerstörung ist gerade nichts zu finden, weder zum Kaufen noch zum Mieten. Im Pfarrhaus ist allerdings Platz, ein Syrer hat unmittelbar nach der Flut anderswo eine Arbeit gefunden, die Zimmer sind geräumt. Aber reicht der Platz für eine ganze Familie? Am Ende wird kurzerhand für mehr Platz ein Archivraum verlegt. Sie streichen, besorgen eine Küche, bringen erste Möbel. Der Mietvertrag läuft zunächst für ein Jahr, dann sehen wir weiter.

Am zweiten Weihnachtstag schlafen die vier zum ersten Mal im Pfarrhaus. Vier von fünf Familienmitgliedern. Denn Lea, 16 Jahre, entscheidet sich, auch mitzukommen, während Helena mit ihren 19 Jahren im Münsterland bleiben wird.

Am 8. Januar kommt der Möbelwagen. Das selbstrenovierte Haus im Münsterland wurde verkauft an eine junge Familie, ich habe im Pfarrhaus neue Mitbewohner und Ahrweiler hat vier neue Mitbürger. Aus Fremden wurden Freunde.

Ihre Ideen kann ich mir gut in unseren Räumen vorstellen. Über sie entscheiden wir, wenn noch viele andere Ideen und Wünsche eingesammelt sind, später zusammen mit den Gremien der Pfarrei sowie nach den Möglichkeiten des Aufbaus und nach dem, was Menschen jetzt brauchen. Und dazu haben Tamara und Reinhard und Anette schon ein paar sehr konkrete Ideen und Projekte. „GlasklAHR“ heißt der Verein, den sie dazu gründen. Damit die Ideen auf sicheren Beinen stehen. Ein Erinnerungsgarten macht den Anfang ...

Jammern und Spalten taugen auch nicht

Ich weiß, wie schnell wir als leidtragende Menschen ins Jammern kommen. Ich weiß es von mir selbst. Und ich weiß, wenn ich einen Schritt zurücktrete: Jammern hilft nicht. Oder besser gesagt, nur sehr begrenzt. Es schafft für den Moment Luft. Der Druck ist mal raus, aber es kostet auch Kraft. Ich suche die Schuld bei anderen, mache andere verantwortlich, die es meist nicht wirklich sind, und bejammere, dass ich nicht gesehen werde, mir keiner hilft oder helfen will. Nützen tut es nicht. Denn verändern, das wissen alle, die sich damit beschäftigen, kann ich weder die Welt noch andere Menschen. Nur mich selbst. Und das Jammern schiebt genau diese Dimension anderen in die Schuhe …

Unter sehr vereinzelten Helfern ist noch eine andere Weise zu beobachten, die nicht taugt für den Weg nach vorne: das Spalten. Es werden Verantwortliche gesucht und meist in Politikerinnen und Politikern oder Behörden gefunden, die „keine Ahnung haben", „alles nur verkomplizieren", „die Menschen und ihre Not nicht kennen, weil sie noch nie da waren", „nicht wirklich helfen wollen" … – So wird ganz schnell ein Feindbild aufgebaut, das dem Schema „die Guten" und „die Bösen" entspricht. Es taugt nicht, weil wir nur zusammen die Aufgaben bewältigen werden, vor die uns die Flut gestellt hat. Kritik und ehrliches Feedback sind nötig, aber das Spalten in die einen und die anderen hat uns schon Kräfte geraubt, die wir dringend für anderes gebraucht hätten und brauchen werden.

Mir fällt der Rat des heiligen Ignatius ein, eines sehr weisen Glaubenslehrers, der empfohlen hat, „zu versuchen, die Meinung des anderen zu retten“.[11]

„Nicht urteilen, sondern aufeinander hören und verstehen wollen. Wobei, mit dem Urteilen kann man viel mehr verdienen, Klickzahlen zum Beispiel oder auch Selbstbestätigung. Ich sage das nicht zynisch, sondern beobachtend. Wer die vielen Webseiten anschaut, die von Negativität leben, dem kommt fast automatisch das Ignatius-Zitat in den Sinn.“[12]

Mit „Negativitäts-Vergiftung“, wie Pater Bernd Hagenkord diese Haltung beschreibt, kommt man schnell weiter. Leider findet das schnelle und empörte Wort immer wieder große Verbreitung, auch aus dem Ahrtal heraus. Schwarz-weiß scheint immer gut zur Welterklärung, taugt aber meist nicht. Für komplexe Situationen genauso wenig wie für gemeinsame Wege.

---

11 Ignatius von Loyola, Exerzitienbuch Nr. 22. Es handelt sich um eine der Vorbemerkungen zu dem Weg, den er für das geistliche Leben beschreibt.

12 P. Bernd Hagenkord SJ in seinem Blog vom 8. Januar 2020 mit dem Titel: „Wider die Negativitäts-Vergiftung“, *https://paterberndhagenkord.blog/aufeinander-hoeren-wider-die-negativitaets-vergiftung/*

Die Walporzheimer Straße am Morgen des 15. Juli 2021. Ein Blick aus dem Fenster von Familie Bergmann.

Vor der Flut und nach der Flut: Wo sich in den Weinlounges die Menschen zugeprostet haben, hat die Flut Zerstörung gebracht: der Kurpark von Bad Neuenahr mit dem angrenzenden Steigenberger Kurhotel.

Selbst Steinbrücken konnten der Kraft der Flutwellen nicht standhalten: eine Ahrbrücke im winterlichen Februar 2021 und nach der Katastrophe.

Blick vom südlichen Kurpark-Ufer auf das nördliche Gegenufer mit der von der Flut stark betroffenen evangelischen Martin-Luther-Kirche in Bad Neuenahr, im September 2021.

Ebenfalls im September 2021: Blick von der Burg Are auf die zerstörten Brücken der Ahrtal-Bahn, des parallel liegenden Ahrtal-Radwegs („Zwillingsviadukts"). Nicht mehr dort vorhanden: die Straßenkehre der B 267 und das Feuerwehrgerätehaus Altenahr.

Den Humor nicht verlieren – das Schaufenster eines Geschäfts im historischen Ortskern von Ahrweiler ist nach der Flutkatastrophe mit Spanplatten zugenagelt.

Langsam kehrt das neue, alte Leben zurück (Vgl. Foto S. 108, oben): Besucher sitzen vor einem wiedereröffneten Lokal am Ende einer Gasse im historischen Ortskern von Ahrweiler. Im Hintergrund das Alte Rathaus am Marktplatz.

Die Krippe aus der Kirche St. Laurentius im Jahr 2021 in einem Schaufenster: statt Hirten vom Felde umringen Puppen in Helfer-Kleidung die Heilige Familie.

Mit einer einfachen Idee fing es an: Kaffee für alle. Die Kaffeebude auf dem Marktplatz vor der Kirche St. Laurentius – ein Treffpunkt für viel Erwärmendes.

Der Blick über das Ahrtal – vor und inmitten der Flutkatastrophe. Einen Wiederaufbau wird es nicht geben. Der Aufbau eines neuen Ahrtals wird noch Jahre dauern. „Der Zusammenhalt ist das hellste Licht“, sagt Jörg Meyrer.

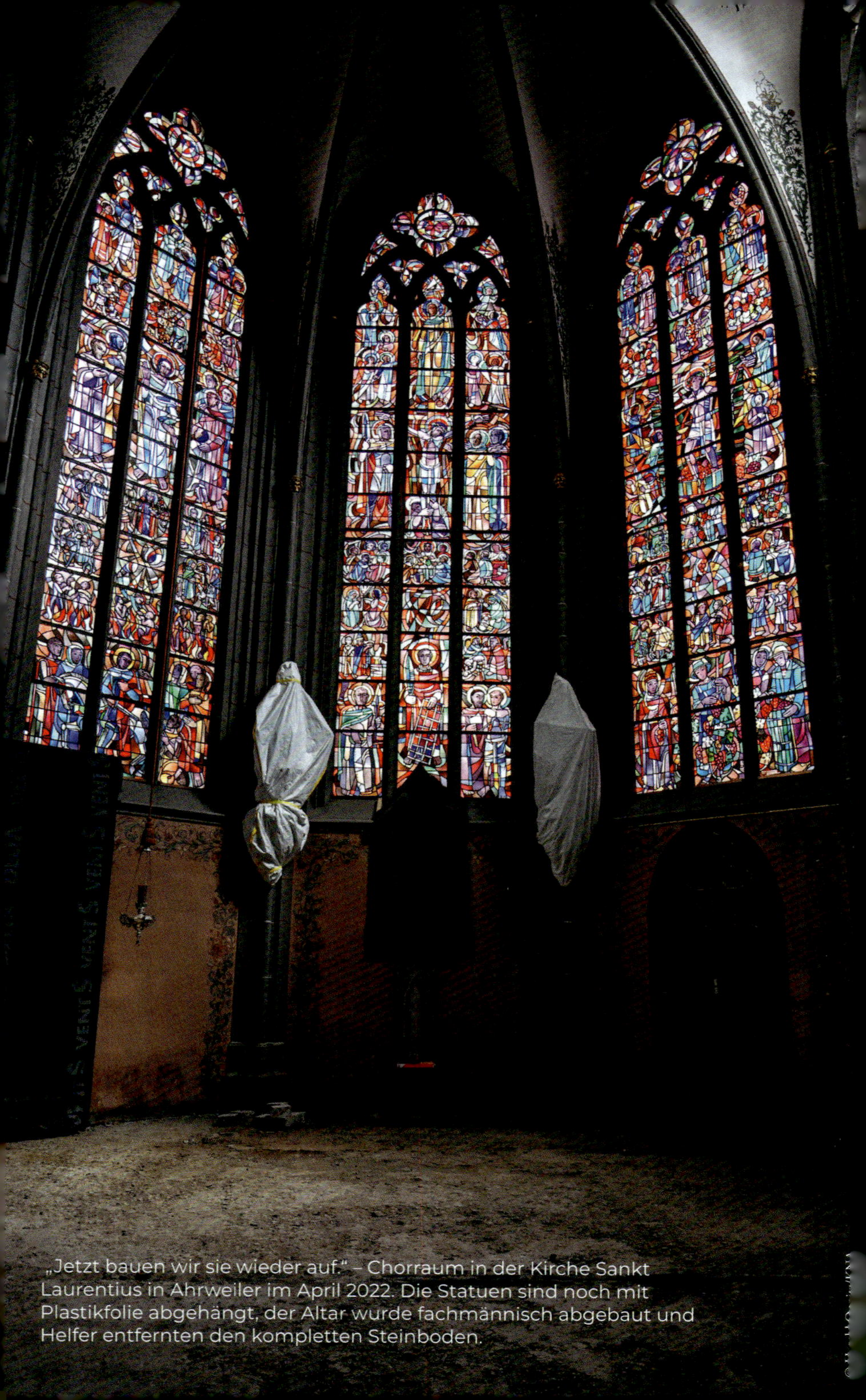

„Jetzt bauen wir sie wieder auf." – Chorraum in der Kirche Sankt Laurentius in Ahrweiler im April 2022. Die Statuen sind noch mit Plastikfolie abgehängt, der Altar wurde fachmännisch abgebaut und Helfer entfernten den kompletten Steinboden.

Was nicht nur kirchlich nicht taugt: zurück in die Zukunft

„Taufwürde", das Wort klingt ziemlich abgehoben und ist nicht die Sprache, die wir sonst sprechen. Eine Theologin, die ich sehr schätze, sagte: „Es ist die erste Aufgabe der Pastoral, den Menschen die ‚Taufwürde' zurückzugeben!" Ich wusste natürlich, was sie damit meint.

In der Kirche haben sich Verantwortung, Leitung und Autorität jahrhundertelang am Amt festgemacht. Anders ausgedrückt: Der Pastor hat gesagt, wo es langgeht, die Schäfchen hatten zu folgen. Diese Zuordnung sitzt tief und fest in den Knochen. Und gerade in Krisenzeiten geht der Blick noch mal stärker als sonst auf den Priester.

In diesem Sinne formulierte einmal ein hochengagierter Familienvater seine ganze Wut und Enttäuschung in die Kameras: „Und von der Kirche hat sich bei mir in all den Wochen nach der Flut noch niemand blicken lassen!" Es stimmt, ich war nicht bei ihm am Haus, aber einige Male in seinem Dorf gewesen. Seelsorgerinnen und Seelsorger waren an immer gleichen Wochentagen vor Ort, haben Gespräche angeboten, Gottesdienste gefeiert. Ein paar Straßen weiter von ihm wohnt sogar eine Seelsorgerin, die sich gekümmert hat und da war, sobald sie selbst aus dem Gröbsten raus war, aber: Der Pastor war nicht da. Und er war nicht bei mir!

Alte Bilder, die Kirche auf das Amt, auf den Priester reduzieren, müssen natürlich Enttäuschung produzieren. Sie taugen nicht mehr. Nicht nur im Flutgebiet, sondern überall in Deutschland, wo die Pfarreien oder Seelsorgebezirke größer werden. Das Gefühl, dass „die Kirche" die Menschen allein lässt in den Dörfern wie auf dem Land, wird immer wieder sehr laut und deutlich wiederholt.

Schon vor 60 Jahren hat das Zweite Vatikanische Konzil als höchste kirchliche Instanz das Bild von Kirche anders formuliert und die Zuordnung „Papst/Bischöfe/Priester oben – alle anderen unten" ergänzt und korrigiert:

- *Wanderndes Gottesvolk auf dem Weg durch die Zeiten* – und damit verschiedene Aufgaben für den Weg des einen Volkes;
- *Ein Leib und viele Glieder* – und damit verschiedene Funktionen, die sich ergänzen, und die alle nötig sind, damit der eine Leib leben kann;
- *Das allgemeine und das besondere Priestertum* – und damit die gleiche Würde aller in der Kirche, aber eben verschiedene Aufgaben in der Welt und füreinander.

Das haben wir im Leben der Menschen und der Getauften noch längst nicht überall verwirklicht und ernst genommen. In den Köpfen und noch tiefer in den Haltungen ist es noch wenig lebendig, und zwar sowohl bei den Amtsträgern wie auch bei den Getauften.

In der Trierer Synode wurde als einer von vier Perspektivwechseln formuliert: „Die Kirche vom Einzelnen her denken" – das ist damit gemeint. Jede und jeder ist mit seiner Lebenssituation, mit seiner Geschichte und seinem Gewordensein, mit seinen Begabungen ein Teil von Kirche, sogar der „Ausgangspunkt" von Kirche. Wo getaufte Männer und Frauen, Kinder und Jugendliche sind, leben, arbeiten, denken – da ist Kirche. Und das nicht erst, wenn gebetet oder wenn an Gott gedacht wird. Beim Einkaufen, in der Familie, in der Schule, beim Sport, auf der Straße, in der Nachbarschaft gibt jede wie jeder der Kirche ihr bzw. sein Gesicht.

Natürlich muss sich das dann dort zeigen, wo Christen als Christen zusammenkommen: in den Gottesdiensten, in den Gremien und Gruppen, bei den Festen und Feiern. „We AHR one" (einer der Slogans auf T-Shirts und Tassen nach der Flut, den wir später hoffentlich behalten) gilt als ein Grundsatz für Kirche und Gemeinde, auch wenn da noch viel zu lernen ist. Ein Zurück in die „guten alten Zeiten" beispielsweise, in denen der Pfarrer im Dorf noch eine Autorität war, verbietet sich für mich völlig. Und das nicht nur, aber auch, wenn ich mir die Missbrauchsfälle im kirchlichen Zusammenhang sowie die Systeme der Vertuschung und die Aufarbeitung all dessen anschaue. Dieses System muss ein Ende haben! Was es braucht, ist ein Neuanfang in einem Miteinander, das diesen Namen verdient. Eine Ehrlichkeit, die alle Bereiche einbezieht, und das Achten der Gleichheit der Würde aller Menschen in Verantwortung, Macht und allen Bereichen des kirchlichen Lebens. Das ist eine Art Gewissenserforschung:

- **Wie ernst nehmen wir die vielen Begabungen in der Gemeinde?**[13] Und wie leicht oder wie schwer haben sie einen Platz in unseren Gemeinden oder konkret in unseren Pfarrheimen, in unseren Gottesdiensten und bei unseren Festen?

13 Ich weiß, dass an dieser Stelle viele die Frage nach dem Priestertum der Frau stellen, sehr berechtigt. Es ist hier nicht der Ort und der Platz, auf diese Diskussion einzugehen; im Synodalen Weg in Deutschland und auf den verschiedenen weltweiten Synoden und in vielen Theologenforen wird darüber gesprochen. Ich habe in der Flutkatastrophe auch gelernt, dass die „großen Fragen" unwichtig werden, weil wir sie nicht beantworten und lösen können; sie kosten Kraft und Zeit, die aber in der Krise für anderes gebraucht werden. Zur Begrenzung auf die eigene „kleine" Lebenswelt mehr im Beitrag „Weit weg" dieses Buches.

- **Wen fragen wir um Rat bei wichtigen Entscheidungen?**[14] Wer darf seine Meinung und seine Argumente einbringen, etwa wenn es um die Finanzen geht und damit z. B. um die Frage, welche Personen mit welchen beruflichen Qualifikationen wir im Dienst für die anderen einstellen?
- **Oder wenn es um die Nutzung der Häuser und Immobilien geht: Wer darf nutzen?** Und wofür? Welche Gebäude brauchen wir? Oder bräuchten wir?
- **Wer bringt die ökologischen und nachhaltigen Fragen ein?** Und damit die Lebensfragen der kommenden Generationen bei allen Entscheidungen.Und welches Gewicht haben sie?
- **Wer wird einbezogen bei Beratungen und Entscheidungen,** gemäß dem altrömischen Grundsatz: Was alle angeht, wird auch von allen beraten! Wie geht das – „von allen beraten"? Und wie geht Entscheidung, wenn Kirche eben nicht demokratisch verfasst ist?

Dann höre ich schon die Frage: Wozu brauchen wir da noch geweihte Priester? Kurz gesagt: Die Getauften haben ihre Aufgaben in der Welt, also in der Familie, am Arbeitsplatz, in allen Fragen des Zusammenlebens, ... und das ist ihre Verantwortung. Das Konzil nennt das „Weltdienst". Und die Priester stärken die Getauften dafür: durch die Sakramente, durch das Wort Gottes und die Predigt. Das nennt das Konzil „Heiligungsdienst". Das ist eine gute und klare Unterscheidung – und macht die Aufgabe der Priester sehr deutlich: stärken, Kraft geben, Mut machen, ... Oder noch mal anders: Sie sollten alles dafür tun, dass Menschen die Kraft haben, ihren Alltag gut zu gestalten und die je eigene, individuelle Berufung und den eigenen Auftrag für eine bessere Welt zu finden und

14 In der Regel des hl. Benedikt steht, dass der Abt bei wichtigen Entscheidungen den jüngsten Mönch zu befragen hat.

zu leben. Die Sakramente haben hier ihren Platz, vor allem die Feier der Eucharistie mit der Stärkung durch Jesus als Brot des Lebens oder die Feier der Versöhnung durch Jesus als Heiland. Und zuallererst die Taufe als Zusage: Du bist ein Kind Gottes und du musst keinen Weg allein gehen!

Taufwürde – sie bedeutet für mich in der konkreten Arbeit, dass ich sehr gut auf das, was andere sagen und denken, hören will. Dass ich Verantwortung übertrage und mit den Arbeitsfeldern auch Entscheidungen delegiere. Dass ich ermutige, Verantwortung zu übernehmen (und damit eine Fehlerkultur ermögliche). Dass es Feedback gibt, und damit zuerst Anerkennung und Lob, Zuspruch und viel Dank. „Empowerment" nennt man das Ganze in anderen, neudeutschen Sprachzirkeln. Wir haben es nur unter anderem Namen schon lange als Grundauftrag in unserer DNA stehen.

Würde

Ich möchte noch einen Gedanken zum Thema anschließen. Wir haben in der Krise der Flut und der Nach-Flut-Tage, als uns das Ausmaß der Zerstörung unserer Häuser und unserer Heimat langsam bewusst wurde, tief innen gespürt: Das schaffen wir nicht, das ist zu groß. Dieses Gefühl der Niedergeschlagenheit hat etwas mit Würde zu tun: Jemand, der ohnmächtig, ausgeliefert und nicht mehr Herr oder Herrin des eigenen Lebens ist, der- bzw. diejenige spürt keine Würde mehr. Das gilt nicht fürs Ahrtal, sondern in jeder Krise, die jemand durchleben und durchleiden muss.

Bei uns waren es die schier unendlichen Helferinnen und Helfer, die zu uns kamen, angepackt haben und uns Würde zurückgegeben haben: Bekannte, die wir schon lange nicht mehr gesehen haben. Studienkollegen von vor vielen Jahren. Und natürlich auch ganz viele, die wir überhaupt nicht kannten. Die einfach kamen und mit angepackt haben. Ohne zu fragen, wer wir sind. Die organisierten Helferinnen und Helfer – vor allem aus der Blaulicht-Familie – mit all ihrer Ausrüstung und ihrem Wissen genauso wie die, die mit ihrem Auto, ihren Handschuhen und Schippen kamen, wie auch die Handwerker mit all ihrem Know-how.

Sie alle haben uns Mut gemacht und uns letztlich damit unsere Würde zurückgeschenkt. Ohne Würde fehlt die Kraft zum Leben. Sie aber haben uns zu verstehen gegeben: Ihr seid uns wichtig! Ihr seid nicht allein in diesem Elend! Wir schaffen das! Gemeinsam!

Allerdings sei dazu noch ein kritischer Punkt angemerkt. Denn es gibt auch eine Grenze des Helfens. Wenn es nämlich ab einem gewissen Punkt mehr um die Helfenden geht als um die, denen die Hilfe gilt. Dann stülpen (es sind wenige) Helfer ihr eigenes Helfen-Wollen über, wollen „leuchtende Kinderaugen sehen“[15], übernehmen Verantwortung in Orten und Dörfern, die an Eigengesetzlichkeit grenzt, oder tun so viel Gutes in Wort, Gabe und Spende, dass es übergriffig wird. Dann werden wir ein weiteres Mal zum Opfer, dann wird Würde nämlich genommen.

Ja, Würde ist ein feiner, schwieriger Grat, den wir nur gemeinsam finden. Denn: „Gut gemeint ist eben nicht immer gut.“

Wirkliches Empowerment ist Zusage von Würde. Und das möchte ich weder in kommenden Krisen noch im Alltag ver-

15 Oft geschrieben bei Facebook und auf Plakaten, wenn es vor Weihnachten um die vielen Geschenkaktionen ging.

lieren. Dass wir uns gegenseitig Würde zusagen, wenn wir sie brauchen. Dass wir uns aufhelfen, wenn wir am Boden liegen. Dass wir uns stärken, wenn der Weg zu weit erscheint.

Diese Zusage von Würde brauchen viele in Krisen: Trauernde, Geflüchtete, Wohnungs- und Heimatlose, psychisch Erkrankte, Arbeitslose, Alleinerziehende, Wenig-Verdienende, Niedergeschlagene … – Das ist die Aufgabe von uns allen, die Aufgabe aller Christen … Das ist Kirche.

Weit weg

Oft war es merkwürdig für mich, Informationen von außen zu erhalten, aber im Flut-Geschehen ist so vieles, was „draußen" passiert, so weit weg. Verständlich, oder? Aber das wird auf Dauer eben auch „nicht taugen" …

- Da sind Bundestagswahlen im September. Natürlich gehe ich wählen. Aber ich habe kein einziges Triell gesehen, habe mich mit den Wahlprognosen nur in den Überschriften beschäftigt ... und bin erschrocken darüber, dass ich da nicht informierter bin über Schwerpunkte, Meinungsumfragen, Koalitionen, …
- Da sind die ganzen kirchlichen Aufreger-Themen: die römischen Entscheidungen zu den Bischöfen und ihrem Verhalten in der Aufarbeitung der Missbrauchsfälle in ihrem Verantwortungsbereich, der Synodale Weg mit all den öffentlich geführten Diskussionen, wie weit denn Erneuerung gehen darf oder gehen muss. Die andauernde Erwartungshaltung vieler Menschen in Deutschland nach neuen Antworten in der Sexualmoral, in der Frauen- und Machtfrage …

Zugegeben, meine Welt ist durch die Flut klein geworden. Es dreht sich fast alles um unser Ahrtal, die Zerstörung, die Verwundungen in den Herzen und den Aufbau. Mehr verkrafte ich, glaube ich, nur langsam.

Es ist kein Desinteresse am Weltgeschehen. Es ist auch nicht, dass ich denke: Ihr könnt mich alle mal – gar nicht. Ich staune nur, dass „man" sich darüber so aufregen kann … *Wo Kirche ihren Platz hat* – darüber brauche ich nicht zu diskutieren, das erlebe ich Tag für Tag. *Reformen?* – Na, hier hat sich nach der Flut schon so viel geändert. Und was wir hier brauchen, ist nicht das, was da diskutiert wird. Wir suchen unseren Weg im Alltag, wir stehen beieinander, nutzen die kürzer gewordenen Wege zu Absprachen, reden auf der Straße und beim Einkaufen über die Aufgaben, die ein jeder bzw. jede jetzt so hat, und machen uns gegenseitig Mut: „Wir schaffen das!"

Wir suchen Lösungen und finden sie auch oft quer zu „Gleichdenkenden", bei und mit denen, die anpacken. Wir freuen uns an den Helferinnen und Helfern, die uns zeigen, dass auch die dicksten Böden und der härteste Putz kleinzukriegen sind. Und da das zu schaffen ist, schaffen wir das andere auch, was da noch kommt. Nach der Flut ist eben zuerst mal anderes wichtig:

- Die Hochzeit, die gefeiert wird. Sie wurde schon einmal verschoben wegen Corona. Jetzt sie doch feiern, trotz Flut? Worauf sollen wir denn warten?
- Die gute Flasche Wein, bei Freunden getrunken, warum soll sie zu „schade" sein für diesen Abend? Worauf sollen wir denn warten?
- Die spontane Begegnung auf der Straße, aus der so schnell ein gutes Gespräch wird, weil es so viel zu erzählen gibt und wir uns schon lange nicht gesehen haben. Ist das nicht wichtiger als die Nachrichten im Fernsehen oder der Anruf?

Ja, die Wertigkeiten verschieben sich! Und ich finde das gar nicht so schlimm. Unsere kleine Welt gestalten – und wenn es in einer Begegnung, im Austausch von spannenden Ideen oder im Zuhören einer Geschichte ist –, ist das nicht wichtiger, als der „großen Welt" mit Kopfschütteln, Missverstehen oder Ärger zuzuschauen?

In Krisen ist es nötig, sich zurückzuziehen und die eigene kleine Welt in den Mittelpunkt zu stellen. Auf Dauer wird es der Gemeinschaft und dem gemeinsamen Weg in unserer Gesellschaft allerdings nicht helfen. Wenn es um das Zusammenhalten geht, dann müssen wir immer wieder raus aus unserer eigenen kleinen Welt, so verständlich der zeitweise Rückzug ist.

Im Unterwegs-Sein durch die Nach-Flut-Monate merke ich, wie die Welt wieder größer wird:

- Die Nöte in anderen Teilen der Welt lassen mich nicht mehr kalt, denn es gibt so viele Naturkatastrophen und von Menschen gemachte Katastrophen in den Nachrichten. Und jenseits von ihnen.
- Das Bild, das von Kirche erscheint, wird immer schrecklicher. Das kann uns auch im Ahrtal bei allem Eigenleben nicht kaltlassen, wenn es um Missbrauch, um Vertuschung, um schleppende Aufarbeitung, um fehlende Verantwortung durch die Kirchenoberen geht, oder um Diskriminierung von Menschen, die sich als nicht-heterosexuell erleben.
- Die Klimafragen werden mit dem Regierungswechsel neu und stärker diskutiert. Wie kann uns im Ahrtal nach der Katastrophe, die als eine Ursache den Klimawandel hat, die Frage nach unserem Lebensstil und dem Ressourcenverbrauch nicht beschäftigen?

Es taugt die Bitte
dass bei Sonnenaufgang **die Taube**
den Zweig vom Ölbaum bringe

Hilde Domin,
Bitte

Ich will auf die Suche gehen nach dem, was hilft auf dem Weg in die Zukunft. Nach Hilde Domin taugt „die Bitte". Also etwas, das man (noch) nicht hat und das man auch nicht machen kann. Wenn ich bitte, dann ist dahinter ein erlebtes Fehlen und ein Wunsch, eine Sehnsucht. Aber noch kein Haben und Besitzen. Das ist mir sehr sympathisch. Denn wir haben den Weg nicht, wir müssen ihn suchen. Immer. Aber gerade und besonders in einer Krise. Und wir brauchen Hilfe auf dem Weg. Hilfe, um die wir bitten dürfen.

Eine Frau zündet Kerzen an in der alten Friedhofskapelle auf dem nach der Flutkatastrophe zerstörten Friedhof in Ahrweiler. An der Wand befindet sich eine Zeichnung des auferstandenen Jesus.

Frank-Walter vom Team Ahrtal

Der Bundespräsident hat – wie so viele andere Politikerinnen und Politiker – das Ahrtal besucht. Den Abschluss des Tages bildete sein Besuch beim Helfershuttle, über den so viele Tausende Menschen zu ihren Einsatzorten im Ahrtal gebracht wurden. Ein wunderbares, multiprofessionelles Team um Marc Ulrich und Thomas Pütz hat dort rein ehrenamtlich eine Organisation aufgebaut, die wohl kaum ein Organisationsmanager so hätte entwerfen können. „Deutschland ist stolz auf euch!" – das hat der Bundespräsident den Helfern mitgebracht. Die Initiatoren haben ihm einen Brief mitgegeben, der das große Anliegen und den wichtigsten Wunsch an die Politik noch einmal unterstrichen hat. Mit ausdrücklicher Genehmigung hier dieser Brief zum Nachlesen:

> Lieber Frank-Walter,
>
> vielen Dank, dass Du Dir die Zeit genommen hast, uns zu besuchen. Das „Du" soll keineswegs despektierlich sein. Ganz im Gegenteil. Seit der Nacht vom 14. Juli 2021 gibt es im ganzen Ahrtal kein „Sie" mehr. So wie die Zäune und Mauern zwischen den Häusern eingerissen und weggespült wurden, sind auch die Barrieren zwischen den Menschen gefallen. Wir sind uns näher als jemals zuvor: We AHR one.
> Der Wegfall des formellen „Sie" ist dabei eine von vielen symbolischen Erscheinungen dieses unfassbaren Zusammenhalts.
> Da Du uns schon sehr früh Dein Ohr und Deine Wertschätzung gezeigt hast, gehörst auch Du für uns mit zum

„Team Ahrtal" – und wir würden uns sehr freuen, wenn Du unser „Du-Angebot" annimmst.
Es gibt unendlich viel zu sagen und zu berichten. Aber wir wollen unser wichtigstes Anliegen kurz und kompakt auf den Punkt bringen. Neben all dem Leid, das unser wunderschönes Tal und die Menschen hier erleben mussten, ist die unfassbare Hilfsbereitschaft kaum in Worte zu fassen. Wir haben ihr sogar einen eigenen Namen gegeben: SolidAHRität.
„Wer den Glauben an unsere Gesellschaft verloren hat, der muss ins Ahrtal kommen!"
Diesen Satz haben wir in den letzten Wochen tausendfach in unseren Gesprächen mit den Helfern gehört. Hier in unserem kleinen Tal ist etwas ganz Besonderes entstanden und wir glauben, dass das unbedingt konserviert werden muss. Nicht nur das. Es hat sogar das Potenzial, zu etwas ganz Großem zu werden. Nicht nur für unsere Region, sondern für ganz Deutschland. Und vielleicht sogar darüber hinaus.
Das Ahrtal ist jetzt für viele Themen als Modellregion im Gespräch. Warum nutzen wir den besonderen Geist dieser gelebten SolidAHRität nicht, um auch für dieses Thema ein Leuchtturm für Deutschland zu sein. Wir als Bürger der Bundesrepublik Deutschland haben der Politik bewiesen, dass wir Solidarität können. Die Pflicht der Politik ist es, jeglichen Schaden vom „Guten" in unserer Gesellschaft mit allen Mitteln fernzuhalten.
Die letzten Monate haben die Menschen vor allem durch Corona extrem gespalten. Es wird Zeit, dass wir als Gesellschaft nicht immer weiter auseinanderdriften, sondern dass wir wieder zusammenwachsen. Die Katastrophe im Ahrtal hat gezeigt, wie so etwas funktionieren kann: Hier

ziehen alle Generationen, alle Nationalitäten, alle Hautfarben und die meisten politischen Überzeugungen an einem Strang. Das ist beispiellos – und eine große Chance.
Bitte mach etwas daraus.
Wenn Du Unterstützung brauchst, stehen wir sehr gerne zur Verfügung.

Viele Grüße aus dem solidAHRischsten Tal der Welt
Dein Thomas & Marc

Es ist unendlich wertvoll, dass Menschen ins Ahrtal kommen und hier sehen und erleben, was die Flut angerichtet hat. Wie viel Mühe der Aufbau kostet und wie viel Hilfe auch da ist. Dass die Politikerinnen und Politiker das auch tun, ist nicht nur dem Wahlkampf geschuldet, den wir bis Ende September in Deutschland hatten. Die Männer und Frauen, die uns regieren und Verantwortung übernehmen, sind auch, wie viele andere, tief berührt von dem, was hier geschieht … Nicht immer passiert das mit so viel Freude und Öffentlichkeit wie beim Helfershuttle und dem Projekt mit Marc und Thomas.

Der Bundespräsident hat sich auch, ganz still und ohne jede Presse und auch ohne Ankündigung im offiziellen Besuchsprogramm, im Pfarrhaus mit den Angehörigen von Flutopfern getroffen. Das war eine sehr stille, einprägsame Begegnung, wie mir Herr Steinmeier, oder eben Frank-Walter, beim Rausgehen und die beiden Familien im Nachklang erzählt haben. Ich kannte die Geschichten ihrer Erlebnisse der Flutnacht, der Verluste von lieben Menschen, der Todeskämpfe, des verzweifelten Ringens um das Leben – und des Verlierens. Die Angehörigen waren so unglaublich gefasst, gar nicht nervös vor dem Gespräch mit dem „Staatsoberhaupt". Wer so was durchlebt hat, braucht auch nicht mehr nervös zu sein. Sie waren bereit zu erzählen und ihre traumatischen Erlebnisse noch einmal zu teilen.

Ich habe ihnen sehr gedankt für den Mut, den sie damit bewiesen haben. Ich denke, sie waren an diesem Nachmittag deutlich mehr die Gebenden als die Empfangenden … und die Wirkung dessen, was sie gegeben haben von ihrem Leben und ihrer Trauer, die kommt nicht nur den Menschen im Ahrtal zugute.

Es taugt die Bitte
dass bei Sonnenaufgang **die Taube**
den Zweig vom Ölbaum bringe

Hilde Domin,
Bitte

Ein biblisches Nach-Flut-Bild: die Taube mit dem Ölzweig. Sie kündet eine neue Zeit an. Das Bild einer Hoffnung, die noch lange Zeit brauchen wird. Aber der Ölzweig bestärkt in dieser Hoffnung.

Schiefertafel mit der Aufschrift „Ahrweiler bleibt stark! Aufgeben ist nicht!“ Daneben liegen ein mit Schlamm verschmiertes Stofftier und ein paar Arbeitshandschuhe.

facebook – 20. September 2021

Geben und nehmen

Ein Chatverlauf ´ mit einem, der kam, um zu helfen ...

JM: Danke noch mal, dass ihr so unglaublich bei uns geschafft und geholfen habt. Und hoffentlich kannst du heute Nacht ohne Ibuprofen schlafen ... DANKE

MK: Überhaupt kein Problem, es war uns eine Ehre! Wir sind an den Wochenenden oft oder fast immer bei euch ... Wenn irgendwelche Arbeiten anliegen, einfach öffentlich posten! Wir lesen mit und kommen gerne wieder! Heute geht es schon wieder ohne Ibu, aber man merkt, dass wir was geschafft haben!

JM: Es rührt mich immer wieder sehr, manches Mal auch zu Tränen, wenn ich solche Hilfsbereitschaft erfahre. Vielen Dank dir!

MK: Ich muss zugeben, dass wir das auch nicht ganz uneigennützig machen! Die Reaktionen, die Dankbarkeit und Freundlichkeit der Menschen bei euch in der Gegend lösen bei uns ein Gefühl der Zufriedenheit aus! An einem guten Wochenende – so wie dem letzten – sind wir einfach glücklich, klingt komisch ist aber so!

Am kommenden Wochenende wird eure Stadt aufgeräumt, da ist was Großes geplant und das kann ich mir nicht entgehen lassen. Am nächsten Samstag sollten wir mal oben am Helfershuttle so ab 18 Uhr ein Bierchen trinken! Da erfährt man den ganzen Helfer-Wahnsinn! Dort gibt es jeden Tag um ca. 8 Uhr die sogenannte Morgenandacht und abends wenn die Leute wieder da sind ab ca. 18:30 Uhr die Abendandacht. Da wird dann berichtet, was an dem Tag so passiert ist. Das ist echt klasse!

Nicht erklären – annehmen![16]

Die Frage nach dem „Warum“ wurde mir oft gestellt. Ich selbst habe sie nie gestellt. Nicht weil die Flut und alles, was Menschen da erlebt haben, mir keine Fragen gestellt hätten. Das waren sogar viele, und einigen gehe ich hier nach. Aber es war nie die Frage nach dem „Warum“. Ich weiß aus meinem eigenen Leben und den Schicksalsschlägen – und aus der Begleitung so vieler Betroffener in schweren Krisen –, dass es auf die Frage nach dem „Warum“ keine Antworten gibt. Alles, was ich mir an Antworten ausdenken und was mir einfallen kann, nimmt mir Kraft und macht mich klein. Oder macht Gott klein und machtlos.
Warum? – Ich hätte es vielleicht verhindern können, aber ich bin … zu dumm, zu klein, zu ungeschickt, zu …
Warum? – Ich bin (oder jemand anderes ist) schuld an dem, was passiert ist …
Warum? – Es wäre nicht passiert, wenn ich am richtigen Ort gewesen wäre …
Warum? – Weil Gott mich prüfen oder mich ärgern will … weil er es so gewollt hat … weil er es auch nicht verhindern konnte …

Ich verstehe, dass unser Kopf Antworten braucht, um etwas zu begreifen, was eigentlich nicht in unseren Kopf geht und was sich nicht begreifen lässt.

Eine mögliche andere Frage, die mich nicht ins Dunkel zurückwirft wie das „Warum“, sondern mir einen Ölzweig hinhält, ist die nach dem „Wozu?“. Die macht nicht klein, weil sie nicht erklären will mit Ursachen oder himmlischer Pädago-

16 Diesen Gedanken habe ich im Apostolischen Schreiben von Papst Franziskus „Patris corde“, Rom 2021,19, gefunden.

gik. „Wozu“ schaut nicht zurück, sondern fordert heraus und schaut nach vorne.

Eine andere Möglichkeit ist „Annehmen“. Also die Wirklichkeit bewusst in all ihren Dimensionen akzeptieren … Das ist verdammt schwer, vor allem wenn diese Wirklichkeit gerade so quer zu allem ist.

Annehmen ist nichts für schwache Menschen, auch wenn es manchen nach Resignation klingt. Stärke ist erforderlich, viel persönliche Stärke, Selbststand und Weisheit, wenn es immer mehr gelingt, die Wirklichkeit nicht zu bekämpfen, sondern sie mit Licht und Schatten zu empfangen.

Ich persönlich merke beim Tagesrückblick am Abend, dass mir das Annehmen längst nicht immer gelingt und dass ich viel Kraft verwende und dann verschwende, gegen das, was ist, anzukämpfen. Ich kann verzweifeln und jammern, dass z. B. unsere Kirchen und unsere Häuser zerstört sind. Ich werde aber erst nach vorne schauen und Kraft für kreativen Umgang mit dieser Katastrophe finden, wenn ich diese Zerstörungen akzeptiere. Erst dann kann ich denken, was denn jetzt der nächste Schritt ist, also wo wir jetzt wohnen oder Gottesdienste feiern können. Und was angesichts der Zerstörungen getan werden kann.

Rheinländer kennen diese Haltung eigentlich sehr gut. Im sogenannten „Rheinischen Grundgesetz“, das zehn typische und längst nicht nur karnevalistische Lebensweisheiten ins Wort bringt, heißt es u. a.: „Et kütt wie et kütt“[17] und: „Et hätt noch imma jot jejange“[18]. Diese Haltung ist mir so oft begegnet. Wie viele Menschen haben am Ende eines Gespräches gesagt: Wir schaffen das! – Das ist genau diese Haltung.

17 Kölsch für: Es kommt wie es kommt.

18 Kölsch für: Es ist noch immer gut gegangen.

Papst Franziskus benennt als zweiten, die Not wendenden Schritt nach dem Annehmen den kreativen Mut. Davon brauchen wir ganz viel. Und wir haben ihn auch …

Stärke ist erforderlich, viel persönliche
Stärke, Selbststand und Weisheit,
wenn es immer mehr gelingt,
die Wirklichkeit nicht zu bekämpfen,
sondern sie mit Licht und Schatten
zu empfangen.

Es taugt die Bitte

…

dass die Frucht so bunt wie die Blume sei
dass noch die Blätter der Rose am Boden
eine leuchtende Krone bilden

Hilde Domin,
Bitte

Die Blätter der Rose – dann ist sie zerpflückt. Die Blüte zerstört. Schade um die Königin der Blumen … Zerstörung … und dann darin die Bitte, dass aus dem Zerpflückten, Zerrissen-Zerbrochenen, aus dem, was am Boden liegt, doch noch etwas aufstrahlt: eine leuchtende Krone, ein Muster, der Anfang eines Weges oder wenigstens so was wie ein Wegweiser für den nächsten Schritt.
Auch das ist nicht viel. Das muss genug sein. Und ist es auch. Für den heutigen Tag. Und manchmal auch nur für die nächste Stunde.

Ein großer farbenfroher Blumenkübel steht auf dem Marktplatz in Ahrweiler. Nach der Flutkatastrophe sind im April 2022 insgesamt 100 davon im Stadtgebiet aufgestellt worden.

facebook – 18. Oktober 2021

Sonnenblumen

Es ist mir schon einige Male aufgefallen: An der Ahr blühen Sonnenblumen. Einige haben es als kleine Stars in Presse und Fernsehen geschafft, andere wurden bei Facebook schon oft geteilt.

Ich habe mich schon bei den ersten, die ich gesehen habe, gefragt, wo die überhaupt herkommen. Denn so gut kenne ich das Ahrufer vom Joggen: Da haben „früher" keine Sonnenblumen geblüht. Und wenn doch mal eine, nie so viele. Wo kommen die her?

Können ja eigentlich nur durch die Flut dahin gekommen sein. Also als Sonnenblumenkerne ... Und dann sind sie wohl dort „abgelagert" worden. Die Erde war feucht genug (oh ja), der Kern hat ausgeschlagen und Wurzeln geschlagen ... und tatsächlich ist dann eine Sonnenblume draus geworden ... oder eben ganz viele, entlang der Ahr.

Woher die Sonnenblumenkerne kamen? Darüber kann ja nur spekuliert werden: Stammen sie von Vogelfutter, das weggeschwemmt wurde? Gab es irgendwo ahraufwärts ein Lager, in dem die Kerne auf weitere Verwendung warteten, das geflutet wurde?

Ich freue mich an den Blumen, die so mitten im Grau des Schlamms und des Ahrgerölls stehen und ihr strahlendes Gelb in die Landschaft werfen. Und ich hoffe, dass sie ein Bild dafür sind, wie unsere Zukunft sein wird. Dass aus dem Grauen, Farb- und oft Hoffnungslosen, das wie Geröll auf unseren Seelen und Zukunftsplänen liegt, „wie von selbst" bunte Farb- und Lebenstupfer blühen.

„Von selbst“ oder „umsonst“ heißt im Lateinischen „gratis“, und das kommt von „gratia“ – zu Deutsch: Gnade. Und das meint das kostenlose Geschenk der Liebe – Gottes oder von Menschen –, das ich eben nicht verdienen oder bezahlen kann, sondern das geschenkt wird. Gott sei Dank!

Solche Geschenke gibt es schon:

* Die vielen Helfer, die uns unterstützen, völlig umsonst. So eine SolidAHRität von so vielen über eine so lange Zeit gab es in Deutschland noch bei keiner Katastrophe.
* Die Zusagen aus dem Aufbaufonds des Bundes, auch wenn die Anträge kompliziert zu stellen sind. Hier wird jedem/jeder, der/die privat viel verloren hat, aus Steuergeldern 80 Prozent der Kosten erstattet. Ein Geschenk von uns allen in Deutschland in die einzelnen privaten Haushalte – so eine Solidarität hat es in diesem Bereich noch nie gegeben.
* Eine unglaubliche Flut an Sachspenden ist im Ahrtal angekommen und kommt jeden Tag an: Zuerst waren es Kleider und Lebensmittel, dann alles, was man zum Leben braucht, dann Waschmaschinen, Trockner, Spülmaschinen, sogar Autos ... Es gibt Baumaterial, Heizungen in allen Formen gegen die Kälte, ... und nicht zu vergessen ganz viel Fachkenntnis und Knowhow, das vor allem Handwerker hier einsetzen und uns unterstützen. Gratis – umsonst.
* Die Geldspenden, die bereitgestellt werden, auch wenn das ein hochsensibles Thema ist, weil das Verteilen dieser Gelder eine komplizierte und komplexe Sache ist, die oft angefragt wird: Wieso sind die Spenden noch

nicht ausgezahlt? Wieso so hohe Verwaltungskosten? Wieso habe ich noch nichts davon gesehen? Vieles davon ist berechtigt, vieles braucht aber auch noch etwas Zeit und wird in den Aufbau und damit in Projekte einfließen, die auf dem weiteren Weg in den kommenden Jahren (!) noch dringend gebraucht werden. Auch diese Spenden sind ein Gratis-Geschenk – von mir zu dir.

* Die Zukunftsideen, die aus dem Boden sprießen und wirklich Neues hierher bringen. Leben an Stellen wachsen und blühen lassen, die wir gar nicht im Blick haben. Sie werden uns überraschen, mit hoffentlich blühendem Leben.

Ich hoffe, wir sehen die Blumen, die uns blühen. Und ich hoffe, dass es noch ganz, ganz viele sein werden.

Arbeiten in St. Laurentius

Der Holzfußboden unter den Bänken war schnell raus. Schon am zweiten Tag hatte er Wellengang bekommen.

Die Bänke waren nach mühsamer Suche eines Unterstellplatzes auch versorgt: in Maria Laachs altem Bierkeller und in einem Haus auf Godeneltern. Die Trocknungsgeräte laufen schon seit Wochen.

Ende September stemmen viele Helfer aus nah und fern den noch verbliebenen Fußboden aus Solnhofner Platten raus. Er hat rund hundert Jahre gehalten.

Danach müssen die Altäre abgebaut werden: die hölzernen Seitenaltäre, die auch gut 100 Jahre alt sind, und der Hauptaltar aus Stein. Die Gemälde, die Orgeln, die Fresken und Figuren werden eingepackt und so gegen Staub und Schimmel geschützt. Jetzt sieht es in der Kirche aus, als ob dort der Verpackungskünstler Christo gewirkt hätte. Und ganz nebenbei ist auch der Tabernakel in Plastikfolie eingewickelt worden – jetzt kommt der Herr nicht mehr raus. Das Ewiglicht brennt weiter.

Bald steht fest: Auch der Rest des Bodenbelages muss raus – also alles, was vorne um den Altar noch liegt.

Bruder Antonius aus Trier übernimmt für den 20. November wieder die Organisation der Helfer: Von den früheren Arbeitseinsätzen existiert noch eine WhatsApp-Gruppe und auch über seinen Facebook-Aufruf melden sich viele. Markus aus Borken schreibt: „Ich komme. Ich kann euch doch nicht allein arbeiten lassen.“ Paul übernimmt (wie schon so oft in den letzten Monaten) die Absprachen mit den Architekten und Handwerkern, damit alles vorbereitet ist, besorgt Arbeitsmaterial, zwei Container und auch die Verpflegung der Truppe.

Um 10 Uhr sind sie da! Nicht alle. Die Truppe aus Lippstadt, die schon bei der Zehntscheuer dabei war, ist dem Notruf des Helfershuttles („Es fehlen 700 Helfer!“) gefolgt und lässt sich an anderen Orten einteilen. Aber es ist eine starke Truppe: Wir sind ca. 25 Männer und Frauen von überall her. Thea aus Bohmte (hatte schon die ganze Woche vorher Dienst an der Kaffeebude); Bruder Alfons Maria aus Koblenz; der bullige und unermüdliche Feuerwehrmann aus Duisburg, der zwei Frauen mitbringt; Helmar, der schon wieder da ist; die Mitarbeiter aus der BBT-Gruppe aus Bad Breisig; aus dem Pfarrgemeinderat Ellen, Reinhold und Dominik; Frank, der sich schon zum x-ten Wochenende von seiner Familie für die Einsätze im Ahrtal freigeben lässt; die Kollegin Marina aus Limburg, die ganz schön was schleppen kann … und noch viele weitere mehr. Sie legen nach der Begrüßung und Einführung durch Paul und Antonius zügig los: mit Stemmhämmern, mit Schippen und Besen, mit Schubkarren, Möbelwagen (für die schweren Treppenstufen), Vorschlaghammer, Eimern und Wannen. Der Boden fliegt raus …

Ich bin beim Stemmhammer dabei, löse mal einen anderen ab … Mir wird es zu laut … und mir wird es schwer ums Herz, diese Zerstörung zu sehen und zu erleben. Diese Kirche ist mir Heimat seit fast 20 Jahren. Wie viele Gottesdienste, Taufen, Hochzeiten haben wir hier gefeiert?

Später ist mein Platz am Container, draußen. Denn wir können nicht mehr wie beim ersten Arbeitseinsatz einfach den Bauschutt auf die Straße kippen, der dann von Helfern, Bauunternehmen oder der Stadt abgeholt wird. Jetzt sind Container angesagt, aber die sind natürlich viel schwieriger zu beladen.

Beim Entladen der Schubkarren sehe ich, wo der Schutt her ist: Im Altarraum liegen andere Platten als in der Marienkapelle, und die Altarstufe hat noch mal einen anderen Belag – ja, auch sie muss weichen. Und ich frage immer wieder: Wo ist der viele dunkle Unterbau her, der so nass ist, obwohl doch die Platten obendrüber fast trocken scheinen? Am Ende wird deutlich sein, dass es ganze Felder im gestampften Boden gibt, die viel Wasser aufgesogen haben …

Paul entdeckt den Keller unter der Marienkapelle, um den er noch nie wusste und in den nach der Flut auch niemand reingeschaut hat, und hat sofort Ideen damit: ein Ort für Urnenbestattungen in der Kirche. Und er sagt zwischendurch: „Das ist die größte Zerstörung der Kirche nach 1689." Die Franzosen hatten im Dreißigjährigen Krieg den Turm samt allen Glocken und das Dach der Kirche verbrannt. „Damals haben die Menschen St. Laurentius wiederaufgebaut. Und jetzt bauen wir sie wieder auf!"

Was bleibt:

- eine leere Kirche(n-Baustelle);
- viele muntere Gespräche in der Kaffeepause und beim Mittagessen;
- viel Quatsch beim Schippen und Entladen;
- ein Berg Schutt in der Kirche, der nicht mehr in die beiden Container passt (am darauffolgenden Samstag wird auch der weggeschafft von fleißigen Händen, Dominik und Helmar sind wieder dabei);

- ein Stapel geretteter Platten (die Idee ist von Thea), die Architekten können sie an einer Stelle als Erinnerung noch mal einbauen;
- Blasen nicht nur bei mir – aber die vergehen …

Am 1. Advent bekomme ich ein Geschenk: ein steinerner Weihnachtsbaum. Einer der Handwerker hat ihn aus der „letzten“ Bodenplatte gesägt. Ein tröstendes Zeichen mitten im Abschied und im Rohbau: Es wird was Neues werden.

November

Wir sind jetzt vier Monate mit dem Aufräumen der Flutfolgen und mit dem „neuen“ Alltag beschäftigt. Und der hat eben keine Routine mehr oder noch keine neue. Der „normale“ Alltag kostet so viel Mühe: Schul- und Kindergartenwege, die Wege zum Arbeitsplatz, das Einkaufen, der oft provisorische Arbeitsplatz … und wieder: Corona.

Das Aufräumen der Flut ist längst noch nicht geschafft, auch wenn es nicht mehr um das Schlammschippen geht. Die Häuser trocknen, die Gutachter werden erwartet, die Anträge sind oder werden gestellt, die Handwerker koordiniert, neue Möbel etc. sind bestellt … das alles kostet viel Kraft.

Und der November ist grau und kalt.

An vielen Stellen macht sich jetzt das Gefühl breit: Es geht nicht vorwärts. Das lähmt. Es sind tatsächlich nur kleine Schritte und der Weg ist eben noch so weit.

In vielen Gesprächen wird jetzt deutlicher: Die Kräfte lassen nach. Die Seelenkräfte sind erschöpft. Und das, was geholfen hat, wird seltener: Treffen mit Freunden und Nachbarn, draußen oder auf der Straße, dazu ist es zu kalt. Das Erzählen von den Erlebnissen, Erfahrungen, dazu ist seltener Gelegenheit. Das Zusammenhalten ist weniger spürbar. Und die wunderbaren solidAHRischen Helfer werden weniger … und damit auch die konkret erfahrbare Hilfe.

Obwohl so viele geimpft sind, geht der Inzidenzwert der Ansteckung mit dem Coronavirus durch die Decke. Einschränkungen sind angesagt. Und die Einschränkungen kommen: 3G, oft 2G-plus. Das bedeutet: Kontakte reduzieren und auf sich und die eigene Familie zurückgeworfen sein. Und das bedeutet, in deutlich verkleinerten Wohnverhältnissen, oft zusammen mit Freunden, bei den Großeltern oder in einer Ferienwohnung zu sitzen – und die anderen, die Kälte, die Dunkelheit auszuhalten – und die vielen Bilder in der Seele, die aus den letzten Monaten hochkriechen …

Ich merke es bei mir selbst: Die Kräfte werden weniger, die Akkus sind leer, sie füllen sich nicht mehr so schnell. Und Tränen kommen immer mal wieder, wenn Ruhe einkehrt. Die Nächte bringen weniger Schlaf als in den Wochen zuvor, ich bin wieder öfter gegen 4 Uhr wach und danach schlafe ich nicht mehr.

Die Aufgaben werden größer: Die Entscheidungen zu unseren Gebäuden stehen an, die pastoralen Herausforderungen sind spürbar, die Koordinationen mit anderen Partnern wie der evangelischen Kirche, der Caritas, den neu entstehenden Stellen dort, die Kooperation mit den Kolleginnen und Kollegen aus dem Bistum – all das ist Neuland und braucht Zeit und Energie. Und wir haben ja auch selbst Ideen, wie die Zukunft der Kirche in Bad Neuenahr-Ahrweiler aussehen könnte.

Vor dem 1. Advent werden mir die Herausforderungen deutlich zu viel. Ich suche Hilfe und Unterstützung, die ich auch finde! Entlastung im Verwaltungsbereich wird gesucht und wird gefunden. Und ich fange zügig mit der Therapie für meine Seele an:

- Ich fange wieder mit dem Laufen an, dreimal die Woche, 30 bis 45 Minuten, möglichst bei Tageslicht;
- ich besorge mir eine Tageslichtlampe für den Schreibtisch, ich bin ein Licht- und Sonnenmensch – und Licht fehlt jetzt in den dunklen Monaten;
- ich nutze das Angebot zu Gesprächen, es sind viele Themen und Abschiede der letzten Wochen noch nicht bearbeitet;
- ich plane Auszeiten ein, die 60- bis 70-Stunden-Wochen brauchen auch Unterbrechungen;
- ich überlege mit anderen, wie Gebetszeiten jetzt aussehen können, bei einer zerstörten Kirche und Räumen im Rohbau sowie großen Entfernungen vom jetzigen Wohnort … Die Erfahrungen mit Online-Videokonferenzen kommen uns zugute: Beten geht auch per Computer oder am Telefon.

So bringt der 1. Advent tatsächlich eine Zeitenwende: Das Schmücken des Adventskranzes, der Haustür und des Eingangsbereiches, die Kerzen und der kleine Herrnhuter Stern am Fenster – all das macht viel mehr Freude, als ich gedacht habe. Und es bedeutet mir auch viel mehr als sonst: Normalität und ein Licht im Dunkeln.

Der Samstag vor dem 1. Advent ist unglaublich hell, die Sonne strahlt vom blauem Himmel. Viele Menschen sind „in der Stadt“, flanieren zwischen den Geschäften der Pop-up-Mall, die jetzt geöffnet haben, schauen auf dem Friedhof nach dem Rechten oder hören auf dem Marktplatz dem fröhlichen Konzert der Big Band zu. Ich treffe Freunde nach langer Zeit, begegne der Generaloberin „unserer“ Ursulinen: Schwester Maria, die aus Trier zu einem Besuch in die alte Heimat gekommen ist. Sie wird am Abend im Innenhof ihres ehemaligen Klosters zusammen mit den Familien Bell und Wershofen und mit dem neuen Besitzer einen bezaubernden kleinen Weihnachtsmarkt eröffnen: eine lichtvolle, heile Welt am Abend – mit viel Gelegenheit zum Erzählen und Wiedersehen. Ich besuche Michael und Christian, die in den letzten Wochen mitgebetet haben und im Hintergrund Arbeiten übernommen haben, die niemand sieht. Auch das wird ein lichtvoller Abend …

Das Dunkel ist da, oft greifbar dick. In den Gesichtern von Bekannten, in den Begegnungen und den Gesprächen. Das Dunkel hat Überforderung, Tränen, Stillstand gebracht. Es zermürbt … Doch ich will dem Dunkel nicht die erste Stelle einräumen. Ich zünde daher Lichter an, schaue ins Licht, setze mich dem Licht aus – dem der Sonne und dem unseres Gottes. Denn Licht heilt. Gerade jetzt.

Die Zukunft gestalten

Neben dem Organisieren des Alltags und dem Aufräumen nach der Flut gibt es noch einen wichtigen und notwendigen Schwerpunkt: den Blick nach vorne, den Aufbau unserer Heimat, den inneren und äußeren Aufbau unserer Gemeinde(n). Und wir haben Ideen:

- Unsere sieben Pfarreien in der Stadt fusionieren zum 1. Januar 2022 zur neuen Pfarrei Bad Neuenahr-Ahrweiler – mit allen Rechtsfolgen, Neuwahlen zum Pfarrgemeinde- und später zum Verwaltungsrat. Gleichzeitig sollen lokale Teams die so wertvolle Arbeit vor Ort weitertragen. Dabei sind viele der bisherigen Gremienmitglieder müde geworden von der langen Amtszeit, von der Flut, von Corona, von der „Kirchenstimmung“ in Deutschland.
- Eine Wohn- und Baugenossenschaft ist mit dem Bistum in der Planung – zur Entlastung der Haupt- und vor allem Ehrenamtlichen, als Ort der Kompetenz im Aufbau und Verwalten der Gebäude und für neue Ideen.
- Zwei Kindergärten müssen komplett neu gebaut werden, ein weiterer wird grundsaniert. Hier braucht es Klärungen mit dem Land (Anträge aus dem Wiederaufbau-Fonds), Klärungen mit der Stadt (Wer wird Bauträger der neuen Gebäude? Und wer baut?).
- Wir haben Ideen für die gemeinschaftliche Nutzung unserer Pfarrräume, der Bücherei wie auch der ehemaligen Pfarrhäuser: *otelo* aus Österreich könnte ein Vorbild sein (Heiko träumt von Hühnern und „urban gardening“ im Pfarrgarten in Bad Neuenahr); oder ein Café als Treffpunkt – in Kombination mit der Bücherei, mit Angeboten für Familien, Senioren, … – mitgetragen vom Verein GlasklAHR oder zusammen mit den Rafael-Werkstätten der Caritas …

- Die Kirchen müssen neu gestaltet werden. Ein Auftrag, der ja die nächsten 50 Jahre das liturgische Leben der Gemeinden prägen wird …

Das sind viele, viele Arbeitsfelder. Viele tolle Chancen und große Herausforderungen. Es ist erstaunlich, wie sich Personen melden, die mitarbeiten wollen:

Pia etwa, die ich schon seit ihrer Messdienerzeit kenne. Sie hat Sozialarbeit studiert und ihre Bachelor-Arbeit über „Unterstützung von Familien in schwierigen Situationen" geschrieben. Jetzt möchte sie bei uns mitarbeiten im Bereich der Familienarbeit. Es ist, als ob sie unsere Gespräche belauscht hätte, so sehr passen ihre Ideen und Erfahrungen zu dem, was wir uns vorstellen können für die und mit den Menschen in unserer Stadt.

Oder *Niklas*, ebenfalls fertig mit dem Sozialpädagogik-Studium. Er will einsteigen in die Jugendstelle, für die wir wie für die Familienstelle bald nach der Flut um Spenden gebeten haben. Besser könnte es nicht kommen: Er hat die Jugend in Ahrweiler ehrenamtlich geleitet, kennt die anderen Gemeinden und die handelnden Personen, hat Ideen und brennt leidenschaftlich für einen neuen Anfang.

Wir sind im Gespräch mit einer Ordensgemeinschaft, damit an einem Ort auch sichtbar wie ablesbar werden kann, wie christliches Leben heute aussehen kann: eine kleine Gemeinschaft, die mit anpackt, wo es nötig ist – mittendrin, mit offenem Haus, einladend zu Mahlzeit, Gespräch und Gebet. Wenn ich Ordensleuten davon erzähle, bekommen sie leuchtende Augen: eine Perspektive für die jüngeren Männer und Frauen in den oft überalterten Gemeinschaften, ein neuer Akzent im Ordensleben, ein Experiment von gemeinschaftlichem Leben mitten in der Welt.

Und natürlich muss die ökologische Achtsamkeit beim Aufbau eingetragen werden: Heizung, Dämmung, Werkstoffe …

Das ist alles ein großes Aufgabenfeld und eine ungeheuer große Chance, wie sie vielleicht an kaum einer anderen Stelle in Deutschland zu finden ist: Wir haben größte Schäden, viele unserer Gebäude sind „leer" – was machen wir damit? Wir erhalten (hoffentlich) 80 Prozent Zuschuss aus dem Wiederaufbau-Fonds des Bundes und der Länder. Und für gute Projekte und Ideen finden sich sicher Spenderinnen und Spender, auch Organisationen wie die Caritas oder die Malteser, die mit uns zusammen anpacken wollen.

Ja, es ist halt alles auf einmal. Und es ist ein Berg, Baumaßnahmen für geschätzte 20 Millionen Euro vor sich zu sehen. Alles neue Wege, die wir gehen. Viele wollen mitgenommen werden auf diesen Wegen. Und es gibt Ideen, aber mehr noch: Menschen, die sich einbringen und mitmachen.

Da sind Kooperationspartner im Bistum, bei der Caritas und den Maltesern, in der evangelischen Kirche. An den Universitäten in Remagen, in Koblenz, in Trier.

Starke Männer und Frauen kommen und wollen zusammenarbeiten. Die Türen bei vielen Verwaltungen, Organisationen und Menschen sind weit offen. Neue Ideen machen halt Spaß. Wir bauen unsere Heimat neu auf. *#SolidAHRität #weAHRfamily #gemeinsamschaffenwirdas*

facebook – 29. November 2021

Advent – „Vom Kommenden her denken“ (1)

Dieser Satz ist von Dr. Thomas Fößel, unserem Pfarrgemeinderats-Vorsitzenden in Bad Neuenahr. Er zitiert ihn öfter, für ihn komprimiert sich in ihm ein ganzes Stück Glauben. Und Hoffnung.
Das passt zum Advent. Nicht zum stillen, besinnlichen Advent mit der Vorbereitung auf die Geburt Jesu. Sondern zu dem Aspekt des Advents, der nach vorne schaut, auf die Ankunft (und das bedeutet das Lateinische „adventus“) des Herrn am Ende der Zeiten. Und eben nicht nur als kleines Kind in Bethlehem.

„Vom Kommenden her denken“ – Wir brauchen diesen Blick nach vorne. Den ganz großen Blick nach vorne. Und damit das Wissen, dass diese Welt auf den Himmel zuläuft. Und dass alles, was hier gebrochen und zerrissen ist, gut werden wird. Das gibt Hoffnung und Kraft über diese Welt hinaus, gerade wenn es dunkel-schwer wird.
Wir brauchen auch den Blick in die nähere und weitere Zukunft (hier auf dieser Seite der Wirklichkeit), der uns hilft, weiterzugehen, den Weg zu suchen und zu gestalten. Wie bei einer Bergwanderung: Wir brauchen die Ahnung vom Gipfel und wie es dort aussieht, damit die mühsamen Steigungen und Windungen, die Steine und das Geröll auf dem Weg nicht lähmen.

Ich will heute eine solche Vision teilen, und in den nächsten Tagen vielleicht noch ein paar davon:

„Vom Kommenden her denken“ – Wie könnte es denn aussehen in fünf Jahren um die Rosenkranzkirche?

Ich sehe ein Haus, das voller Leben ist. Jung und Alt gehen ein und aus. Ein Team aus Ehrenamtlichen prägt eine Willkommenskultur: Jede und jeder ist willkommen, mit ihren bzw. seinen Wünschen, Ideen und Vorstellungen. Und es ist Raum da, der gestaltet und gefüllt werden kann. Im ehemaligen Pfarrheim ist nach dem Vorbild aus Österreich ein otelo entstanden. otelo heißt: offenes Technologie-Labor. So etwas wie ein Co-Working-Space auch für den Freizeitbereich, wie ein Waldorf-Kindergarten für Erwachsene oder ein Jugendzentrum in Selbstverwaltung.
Da sind Kurse für alles Mögliche, die Einzelne anbieten, oder es wurden Fachleute engagiert: Wir bauen einen 3D-Drucker – Kiddies erklären Oldies Handy und PC – eine Gruppe überarbeitet ein Verteil-Programm mit Lebensmittelangeboten und Spenden in der ganzen Stadt – Generationen-Lesen – Drachen erfinden, basteln, erzählen und überstehen (für 9- bis 90-Jährige).
Es gibt eine Gruppe von Jugendlichen, die dieses Jahr den Garten mit Gemüse bepflanzen. Erfahrene Hobbygärtner stehen für Tipps bereit. Sie überlegen zusammen, welche Flächen in der Stadt mit Gemüse zum Selberernten angepflanzt werden. Die Hühner werden von einer Gruppe des Kindergartens und zwei Rentnerinnen betreut. Der Professor von der Uni Bonn bietet zum wiederholten Mal Kurse zur Findung des Studienplatzes oder des Ausbildungsberufes an. Und die Rotarier stehen per Mausklick mit Berufs-Know-how in Prüfungssituationen für Einzelberatung bereit. Das Team des otelo hat schon vor zwei Jahren einen Preis für Innovation und Zusammenarbeit gewonnen. Und ist vorgeschlagen als Premiumprojekt für die Landesförderung:

Bildung und lebenslanges Lernen für Jedermann und Jedefrau. Deshalb übernimmt der Stadtrat auch weiter die Kosten für Strom, Wasser und Heizung und für das starke Internet: otelo ist ein Platz, der Neuenahr attraktiv macht und Menschen kreativ zusammenbringt ...
Nebenan im Pfarrhaus, wo zuletzt Pfarrer Dörrenbächer gewohnt hat, sind drei Wohneinheiten entstanden – ein kleines Projekt von Mehr-Generationen-Wohnen. Im alten Pfarrhaus hat sich die Praxis von Dr. Mewis zu einem Gesundheitszentrum entwickelt. Lange Wege und Wartezeiten werden so abgekürzt. Die lokale und regionale Zusammenarbeit zeigt auch in diesem Sektor spürbare Erfolge für die Patientinnen und Patienten.
Der benachbarte Kindergarten in evangelischer Trägerschaft ist genauso zu Gast wie die Kinder des Blandine-Merten-Hauses, die sich über den Neubau mit all seinen Möglichkeiten noch heute freuen.
Die Grundschule nutzt die Räume und die Angebote, die hier entstehen, und die Eltern sind glücklich, dass sie auch mal einen Platz haben, wo sie zusammenkommen können, oder wo ihre Kinder einen Ort haben, wenn es zu Hause mal eng wird.
Ich habe noch viel mehr Farben für das Leben um die Kirche. Da ist ja noch ein Bauplatz an der Telegrafenstraße ... und dort werden sicher keine teuren Eigentumswohnungen entstehen, was dann?
Wer hat Lust daran mitzubauen? Sich und seine Ideen, aber auch seine Kraft und Zeit einzubringen, damit das und der Kommende wirklich kommt.

#wirbauenunsereHeimatauf
#unsereStadtwirdwiederbunt

facebook – 2. Dezember 2021

Advent – „Vom Kommenden her denken“ (2)

Wenn wir Bilder brauchen, um gut in die Zukunft zu gehen – um aufzubauen, was jetzt so zerstört ist –, dann müssen wir uns mit solchen Bildern gegenseitig stärken. Sie werden im Austauschen und Weitererzählen bunter, näher und schöner ... und sie werden die Bilder und Gedanken von vielen.

Ich habe ein Bild, wie es mit der Bücherei St. Laurentius am Marktplatz weitergehen könnte, und mit dem Kaffeestand vor der Kirche. (Wo es jetzt zu kalt geworden ist und viele auf den Wintertreff warten. Es gibt Gespräche, ob das in Räumen der Pfarrei sein könnte.)
Ich sehe die jetzt leeren Räume der Bücherei mit den hellen hohen Fenstern belebt mit Tischen und Kaffeehaus-Stühlen: Es gibt eine Küche, dort arbeiten Mitarbeiter der Rafael-Werkstätten.
Eine Tasse normalen Kaffee gibt es weiter umsonst, hin und wieder auch ein Stück einfachen Kuchen oder Kekse. Die Kaffeespezialitäten und der Obstkuchen etc. kosten etwas, auch im Blick auf die anderen Cafés und Bäckereien im Ort, zu denen es ein gutes Verhältnis gibt.
Im Café findet sich immer jemand mit einem offenen Ohr. Die Sorgen und Probleme des Alltags können bei einem Kaffee besprochen werden oder auch in einem der ruhigeren Nebenzimmer. Lausi heißt die Café-Katze zum Streicheln. In den Nebenräumen, die durch kleinere Umbauten jetzt alle gut erreichbar sind, ist die eigentliche Bücherei untergebracht mit den vielen neuen Büchern, Hörbüchern, Zeitschriften, die man auch ins Café mitnehmen kann. Es gibt einen eigenen Raum für Kin-

derbücher, wo auch Spieleaktionen stattfinden. Und wenn das dort zu klein ist, sind die Jugendräume ja nur eine Treppe entfernt.
Was man „niederschwellige Angebote" nennt, ist im „GlasklAHR" gut vertreten: Malen, Gesprächsrunden, Talks zu Lebensfragen, Hilfe bei Anträgen und Behördengängen und alles, was nachgefragt wird, woran Interesse besteht. Aber auch: gemeinsame Aktionen wie das Basteln von Vogelhäusern, ein Reparatur-Team für Kleingeräte (Tüftler und Fachleute braucht es immer) und auf Anfrage auch juristische Beratung, psychologische Unterstützung, Seelsorge.
Jede/r ist mit seinen Ideen, aber auch mit seinen Wünschen willkommen. Getragen wird das Konzept von einem Kreis aus Ehrenamtlichen, die an diesem wunderbaren neuen Ort (wo es warm und hell ist) aus dem Team der Kaffeebude weitermachen sowie von einigen Hauptamtlichen (in Voll- und Teilzeit), die über die Caritas, die Pfarrei und über Spendengelder finanziert werden. Ein Verein machts möglich.
Im Frühling bietet der Vorgarten des Pfarrhauses unter der Magnolie einen der schönsten Plätze zum Kaffeetrinken, im Sommer steht der Pfarrgarten zur Verfügung, wenn man lieber draußen ist.

An diesen Visionen arbeiten schon einige aus dem Büchereiteam, aus dem Kaffeebuden-Team und von den Verantwortlichen der Pfarrei St. Laurentius. Auf dass ein bunter Treff- und Vernetzungsort in unserer Stadt entsteht.

facebook – 13. Dezember 2021

Freiheit – „Vom Kommenden her denken“ (3)

Bei der Zählung der Gottesdienstbesucher im November (das geschieht immer zweimal im Jahr) waren es in der Stadt rund 300 Personen, die am Wochenende die insgesamt fünf Messen mitgefeiert haben. „Vor Corona“ (und das ist ja noch gar nicht so lange her) waren es noch rund 1.300 Personen.

* Natürlich sind das Corona-Folgen;
* natürlich spielt die Flut da eine große Rolle, weil viele entweder nicht in ihren Wohnungen und damit in der Stadt sind oder auch einfach (zu) viel zu tun haben;
* wahrscheinlich kommt die Kirchendämmerung in Deutschland mit dazu: Missbrauch und die Aufklärung in verschiedenen Bistümern, Beteiligung, gestoppte Reformen ...;
* dass lieb-gewohnte Kirchen fehlen, macht es auch nicht einfacher.

Ich könnte jammern. Klar! Ich will es an dieser Stelle genauso wenig wie anderswo.

Die Menschen entscheiden anders, setzen andere Schwerpunkte für ihren Samstagabend, ihren Sonntagmorgen. Ich schätze die Freiheit, die damit auch zum Ausdruck kommt, sehr hoch.

Was mir zur Freiheit noch einfällt:

* Ich bin dankbar, dass sich viele die Freiheiten nehmen und selber und bewusst entscheiden. Auch wenn die Entscheidungen mir dann nicht immer auf den ersten Blick gefallen. Gott will uns als freie und stehende Frauen und Männer und Menschen.

* Natürlich können Freiheiten missbraucht und ausgenutzt werden. Das kennt jede/r, der mit Jugendlichen umgeht und aus noch vielen anderen Lebenszusammenhängen, wenn es um Vertrauen und Ehrlichkeit geht. Aber: Das alles ist es nicht wert, die Freiheit nicht zu gewähren oder von vornherein einzuschränken.
* „Alle Mauern fallen! In einem, in zehn oder in hundert Jahren", das ist sehr weise und stammt von Papst Franziskus. Was nutzt es also, Mauern, Gebote und Verbote, strenge Regelungen hochzuhalten oder hochzuziehen? Sie werden doch fallen, irgendwann. Ist es dann nicht so viel besser, auf die Freiheit und die Werte hinzuweisen und auf die rechte Nutzung hin zu erziehen ...

Und für unsere Gottesdienste:
Die Form, wie wir feiern, spricht ganz offensichtlich nicht mehr so viele an. Waren es vor zehn Jahren in den beiden wöchentlichen Rorate-Messen im Advent ca. 300 bis 400 Mitfeiernde, sind es im zweiten Corona- und Flut-Jahr 2021 gerade mal 10 bis 15.
Wie können wir mit den schwer Tragenden im Ahrtal Hoffnung und Advent feiern? Wie feiern wir ehrlicher, authentischer, lebensnaher den Herrn in unserer Mitte?

Und für den Glauben:
Da ist mir nicht bang. Ich habe in der Nach-Flut-Zeit so viele Glaubende, Vertrauende, Welt- und Menschzugewandte kennen- und schätzen gelernt. Die nie oder ganz selten in die Gottesdienste kommen. Ich kann nur danken, dass die kirchlichen Blasen aufgegangen sind. Glaube wird gelebt, viel mehr als es die Statistiken der Kirchen erfassen könnten.

Vor Weihnachten

Weihnachten ist ein Familienfest mit so vielen Traditionen und besonderen Stimmungen. Große Gottesdienste gehören auch dazu. Es ist das schönste und beliebteste Fest im Jahr.

Doch wie geht Weihnachten nach der Flut? ANDERS!

Vorweg sei gesagt: Es gab 2021 im Ahrtal …

- ... so viele Lichter wie noch nie: Lichterketten an Stadttoren, Häusern, über Straßen.
- ... so viele Weihnachtsbäume wie noch nie: Fertig geschmückt kamen sie schon an oder in großer Zahl aus allen Ecken Deutschlands. Sie wurden aufgestellt in den Häusern, an den Versorgungspunkten und an ganz vielen Straßenlaternen (sofern die noch da waren).
- ... so viele Geschenke wie noch nie: Unzählige Gruppen und Projekte hatten es sich zur Aufgabe gemacht, Kindern und Erwachsenen trotz allem ein schönes Weihnachtsfest zu bescheren und haben dazu unglaubliche Mengen an Geschenken gebracht.
- ... so viele Plätzchen wie noch nie: Ich weiß nicht, wer da alles gebacken hat! Es kamen mit den Geschenken Unmengen an Plätzchen, Schokolade, Stollen und anderen Süßigkeiten.

facebook – 18. Dezember 2021

Geschenke

Es gibt im Ahrtal in diesem Jahr wohl so viele Geschenke wie noch nie. Heute Nachmittag gab es auf dem Marktplatz wieder eine Geschenkaktion: liebevoll eingepackt, mit Zetteln, auf denen z. B. stand: „Junge, 11 bis 14 Jahre ...“ oder: „Katzenfreund/in“ ... Wie viel Gedanken haben sich Menschen gemacht. Es waren Autos und ein Reisebus von weit her, sie haben 2.000 (!) Geschenke mitgebracht. Daneben stand eine andere Organisation und hat Autos und Anhänger voll nützlicher Sachen samt vielen Lebensmitteln angeboten. In einer Nebenstraße gab es einen Kinder-Weihnachtsmarkt. Heute Morgen hatten sogar das Rote Kreuz und die Polizei für die Kleinen ein Plüschtier oder eine Süßigkeiten-Tüte dabei ... Morgen gibt es auf dem Marktplatz über einen Wunschbaum noch mal Geschenke, die die Kinder schon im November „bestellen“ konnten ... SO viel gab es noch nie ...
Ähnlich auch das:

Weihnachtsbäume an allen Ecken, die aus vielen Orten Deutschlands angeliefert werden. Samt Lichterketten und Christbaumkugeln ... So viel wie noch nie.
Plätzchen gibt es auch ... So viele wie noch nie ...
Lichter überall, damit das Dunkel hell wird ... So viele wie noch nie ...
Spielsachen ... So viele wie noch nie ...

Ich sehe das tolle Engagement so vieler Männer, Frauen und Kinder, die sich wochenlang Gedanken machen, packen und dann auch weite Wege auf sich nehmen ... Und dann überkommt mich bei den Bergen und der

Fülle ein ganz seltsames Gefühl: Brauchen die Menschen das? Jetzt? Macht das die Seele satt?
Und wie geht es den freundlichen Helferinnen und Helfern, wenn sie kommen mit all ihren vielen schönen Dingen und werden das gar nicht so los, wie sie es sich dachten?
Nein, ich will nicht unken, nicht mosern und schon gar nicht undankbar sein. Aber ich glaube: Es ist zu viel. Es ist kaum zu verkraften.
Ich nehme wahr, wie müde und mürbe viele von uns geworden sind durch das Kämpfen der letzten fünf Monate. Die Kräfte werden weniger, die Aufgaben ja eher nicht (auch wenn schon so unglaublich viel geschafft ist!). Ich habe Sorge, wie das an Weihnachten wird:

* Nicht in der eigenen Wohnung, oder sie ist zerstört, noch in Teilen Baustelle, also beengter als sonst.
* Ohne die gewohnten Besuche, Traditionen, Familienbräuche.
* Auch ohne Handwerker, die werden auch mal ein paar Tage Pause machen und brauchen.
* Es wird stiller werden – und kommen dann auch die dunklen Bilder und Erinnerungen der Flut? Kommen Ängste, Sorgen, Trauer?

Es wird nicht ganz leicht sein, dieses Jahr Weihnachten zu feiern. Mir hilft schon jetzt der Blick in die Krippe, in den Stall. Mehr als auf die Fülle der Geschenke in jeder Form.
Ich wünsche uns sehr gute und erfüllende Feiertage, auch wenn sie anders werden als „früher". Ich wünsche uns Kraft tanken, Atem holen – und frohe Tage. Noch können wir sie planen und gestalten, wie, mit wem und was wir sie verbringen wollen.

Dieser Post war mir nach der Fülle der Geschenke wichtig. Denn ich sehe diese Fülle nicht nur positiv. Manches ärgert, verstört mich daran. Ich sehe sehr wohl das viele Engagement der Helferinnen und Helfer, das dahintersteht.

Dass ich mit diesen zwiespältigen Gefühlen nicht allein bin, zeigen etliche Kommentare zu diesem Post. Und auch zwei persönliche Nachrichten, die nur ich lesen konnte, die diese Wahrnehmung teilen.

Eine Person schreibt:
Guten Abend, Herr Pastor Meyrer. Ich habe gerade Ihren Post auf Facebook gelesen. Ich muss Ihnen sagen, Sie sprechen mir aus der Seele. Ich fühle und empfinde genauso wie Sie, aber noch mehr bin ich froh darum, dass sich einer traut, das endlich mal öffentlich auszusprechen. Und das, so hoffe ich, ohne Gefahr zu laufen, als undankbar abgestempelt zu werden. Vielen Dank dafür. Liebe Grüße.

Und etwas später:
Ja, es ist mir um mich noch nicht mal so schlimm. Viel schlimmer finde ich es bei den Kindern. Die können das gar nicht zuordnen. Die bekommen 4 bis 5 Geschenke jede Woche in die Hand gedrückt. Das Wenigste davon werden sie sich gewünscht haben und aufgrund dessen ist nach dem Auspacken auch eine entsprechende Enttäuschung spürbar. Ganz zu schweigen von der Masse.

Am Freitag gab es 3 Pakete im Kindergarten von 3 verschiedenen Gruppen. Und obwohl wir Eltern darum gebeten haben, diese doch bitte den Eltern heimlich zu geben, damit wir die Geschenkeflut etwas lenken können, ggf. auch vorher den Inhalt überprüfen können, bekamen die Kinder erneut Geschenke in die Hand. Und die Begründung war das, was mich sauer machte. Diese lautete: Die Helfer/Spender wollten die Geschenke den Kindern selber übergeben. Das Hinwegsetzen über den Willen der Eltern, aufgrund der Befindlichkeiten der Spender, macht mich wütend und hinterlässt kein gutes Gefühl.

Am besten hat es gestern eine Nachbarin ausgedrückt: „Nach fast einem halben Jahr möchte man auch einfach kein Opfer mehr sein.“

Es sind Denkanstöße zum Thema „Helfen“, keine abschließenden. Die Gedanken zeigen aber deutlich, wie es manchen im Ahrtal mit den Geschenke-Spenden geht. Wie wird da Weihnachten sein? ANDERS!

Wie Weihnachten dann war

- Viele Krippen haben den Weg in Familien gefunden: Wir selbst haben 100 kleine Heilige Familien an die Gottesdienstbesucher verteilt. Das Dekanat hatte zum Krippentausch eingeladen und konnte 120 Krippen an neue Besitzer weitergeben, und die Rotarier haben dank der Unterstützung des Clubs in Rottweil noch mal über 100 Familien beschenkt.
- Es gab Krippen auch in den zerstörten Schaufenstern der Geschäfte, die ja alle (bis auf eines) noch nicht wieder geöffnet haben. So konnte der Weihnachtsspaziergang wenigstens auch Schönes in den Blick nehmen.
- Die große Kirchenkrippe von St. Laurentius stand in einem Schaufenster am Marktplatz. Mitten in einer Baustelle, zwischen Bautrocknern und rohen Wänden. Hinter den Krippenfiguren von Maria und Josef, dem Ochsen und dem Esel waren als Figuren weitere „Hirten“ aufgestellt: Helfer des

DRK und der Feuerwehr, Helferinnen vom Helfershuttle, mit Schlammhosen, Gummistiefeln, Schubkarre und Arbeitshandschuhen, ... Auch sie kamen zum Jesuskind, mit ihren Gaben.

Für die Feier der Gottesdienste gab es einige Grundsatzentscheidungen zu treffen:

- wegen Corona – so viele Menschen wie möglich versammeln, um niemanden auszuschließen;
- wo immer möglich an vertrauten Orten feiern – vor allem in den unbeschädigten Kirchen;
- und Angebote draußen schaffen – um auch denen, die Respekt vor größeren Ansammlungen haben, Möglichkeiten der Teilnahme anzubieten.
- Schon seit vielen Jahren gibt es in der Stadt einen Ökumenischen Gottesdienst, den wir Weihnachten anders nennen. Er findet immer draußen, an einem besonderen Ort statt. Mal unter der Brücke (Wo würden Maria und Josef heute landen?), mal in der Tiefgarage („Der heruntergekommene Gott"), mal im Fußballstadion („Gott kommt ins Spiel" – und sucht Mitspieler), mal bei der Feuerwehr (#immerda). Dieses Mal hieß er „Gott mittendrin" und fand auf dem Marktplatz in Ahrweiler statt, wo die Zerstörung deutlich sichtbar ist. Mit dem Jesuskind in der Schubkarre.
- Zwei weitere große Ökumenische Gottesdienste gab es in Bad Neuenahr im Zelt und an verschiedenen Orten etliche Feiern als Wortgottesdienste, mal für Kinder, mal für Familien, mal für Trauernde.
- Und eine Christmette um 22:30 Uhr im Garten des ehemaligen Klosters Calvarienberg. Es hat schon eine eigene Atmosphäre, diese im Dunkeln, unter freiem Himmel, kalt, spärlich, aber festlich beleuchtet zu feiern und dann zu hören:

„Es lagerten Hirten auf freiem Feld und hielten Nachtwache.“ Oder: „Heute ist euch in der Stadt Davids der Retter geboren.“ Oder: „Ihr werdet ein Kind finden …“ – Das ist anders als in voller, warmer Kirche mit großem Weihnachtsbaum, klarem Chorgesang, Orgelbrausen und festlichem Glockengeläut. Anders. Aber durchaus näher.

Es kamen deutlich weniger Menschen zum Mitfeiern als in den Vor-Coronajahren. Über das Warum habe ich schon an anderer Stelle spekuliert, es gibt sicher verschiedenste Gründe und Motive dafür. Das Wetter ist bestimmt auch eines. Vielleicht wollten viele auch einfach nur ihre Ruhe haben. Wir können nur hoffen, dass die Menschen trotz allem Weihnachten feiern konnten. Denn die Botschaft ist ja eben nicht die des festlichen Familienfestes mit gutem Zusammensein und vielen Geschenken. Wir feiern als Christen den Gott, der einer von uns wird, und der sich keineswegs scheut, sich klein zu machen. Er kommt im stinkenden Stall zur Welt. Ein armer Leute Kind, wird Flüchtling und auf jeden Fall verletzlich und vulnerabel. Und das sollte nicht in unsere Zeit passen? ... Das Jesuskind in der Schubkarre, das kam öfter vor.

facebook – 31. Dezember 2021

Jahresrückblick – Nein, danke!

Ich habe dieses Jahr keine Lust auf einen Rückblick.

* Das Jahr fing mit so viel Hoffnung an: Die ersten Impfstoffe waren gerade verabreicht, und das Ende der Coronapandemie war in Sicht – wenn erst einmal alle geimpft sind. Fast 150 Millionen Impfdosen sind verabreicht, aber das Ende der Pandemie ist noch kaum in Sicht ... Ich bin die Diskussionen um Impfung und Nicht-Impfung so leid. Ich brauche keine Zahlen, Prog-

nosen und Meinung mehr und erst recht keine Grundsatz-Debatten um Corona. Ich bin es leid, ich bin müde.

* Dann kommt mit 2021 für unsere Stadt das schwärzeste Jahr ihrer noch kurzen Geschichte. Aber auch für die alte Stadt Ahrweiler dürfte es das schwärzeste Jahr seit 1689 gewesen sein, zumindest was die Zerstörungen angeht ... Ich kann keine Flutbilder mehr sehen, sie sind so tief in meine Seele eingebrannt und die Wunden sind noch längst nicht verheilt. Die Bilder tun immer noch weh und ich bin mürbe geworden.

Natürlich gibt es die Erinnerungen an die vielen Hilfen. Die enormen Geldsummen von Spendern und vom Staat gab es nach den Kriegsjahren nicht, die gab es auch 1690 nicht. So viele Helfer gab es zu keiner Notzeit in Deutschland. Wir werden es also so machen wie die Menschen damals, nach dem Krieg und im 17. Jahrhundert: Wir bauen unsere Heimat wieder auf! Das werden wir in großer SolidAHRität auch schaffen. Daran besteht am Ende dieses Jahres kein Zweifel.

Also lieber nach vorne schauen als zurück. Auf den Müllhaufen der Geschichte werfen, geht nicht. Ich weiß das.

Ohne das Ja-Sagen zu dem, was war, wird es keine Fortschritte geben. Danke sagen für dieses Jahr geht auch nicht, Dank ist eine so starke Hilfe bei der Aneignung und Zustimmung. Also habe ich mich – natürlich mehr vom Kopf als vom Herzen her – entschieden, dieses Jahr mit all seinen Erfahrungen und Begegnungen anzunehmen als ein Jahr, das zu meinem Leben gehört. Es war ein schweres Jahr 2021! Und es ist eines von meinen Lebensjahren.

Ich will auch das neue Jahr 2022 annehmen. Es wird ebenfalls viel Arbeit, Verantwortung, Entscheidungen bringen. Das alles wird uns viel abverlangen. Ich will auch das nehmen, wie es kommt.
Ich will an Vaclav Havel denken: „Hoffnung ist nicht die Überzeugung, dass etwas gut ausgeht, sondern die Gewissheit, dass etwas Sinn hat, egal wie es ausgeht."

Dem Jahr 2021 werden wir noch keinen Sinn abringen, dazu ist es noch viel zu frisch. Deshalb ist rückblicken für mich auch noch etwas früh.
Nach vorne schauen, ja.

Wenn wir in den nächsten fünfeinhalb Monaten so viel schaffen wie in den letzten fünfeinhalb, dann werden die meisten von uns wieder zu Hause wohnen, die Geschäfte und Restaurants werden wieder geöffnet sein. Und wir werden die Feste feiern, wie wir es kennen (z. B. Schützenfeste im Juni, Weinfeste im August und September).
Nach vorne schauen ist gut. Mit der Gewissheit, dass Gott uns auf diesem Weg begleitet.

Noch nie waren die Bonhoeffer-Worte so nah: „Von guten Mächten wunderbar geborgen, erwarten wir getrost, was kommen mag. Gott ist mit uns am Abend und am Morgen. Und ganz gewiss an jedem neuen Tag ... Noch will das Alte unsere Herzen quälen, noch drückt uns böser Tage schwere Last. Ach Herr, gib unseren aufgescheuchten Seelen das Heil, für das du uns geschaffen hast ..."

Neue Pfarrei

Mit dem Jahreswechsel haben wir in unserer Stadt jetzt eine Pfarrei und Kirchengemeinde. Aus den sieben bisherigen ist als Rechtsnachfolgerin mit allen Rechten und Pflichten die Pfarrei und Kirchengemeinde Bad Neuenahr-Ahrweiler geworden. Alle 27 Angestellten sind übernommen worden und alle finanziellen Verpflichtungen und die Verantwortung für alle 33 Gebäude liegt nun bei der neuen Pfarrei. Die neue Form ist kein Einheitsbrei, sondern der Zusammenschluss,

- der Verschiedenheiten wahrt, z. B. durch lokale Teams auf der Ebene der bisherigen Pfarreien;
- der gemeinsam die Verantwortung trägt, z. B. für die 22 durch die Flut zerstörten Gebäude;
- der mit einer Stimme spricht, z. B.
  wenn es um den Aufbau der Kindergärten geht, mit der Stadt;
  wenn es um die Zuschüsse aus dem Aufbaufonds geht, mit dem Land;
  wenn es um Personalfragen oder innerkirchliche Entscheidungen geht, mit dem Bistum;
- der Entscheidungen findet, die die Stadt als Ganze im Blick haben und zusammenhalten;
- der Ressourcen gemeinsam verwaltet, darüber entscheidet und verteilt;
  wobei die bisherigen Zweckbindungen für Rücklagen und Spenden ausdrücklich erhalten bleiben.

Der Bischof war zum Start der neuen Pfarrei bei uns und hat mit uns die Messe im Zelt im Kurpark gefeiert. Es war kein großer „Bahnhof" vorgesehen, dazu ist weder die Zeit noch die Stimmung:

- Corona verbietet einen Empfang und die Begegnung. Wir reduzierten daher auf das Wesentliche – „was man eben so macht in so einer Situation". Es gab keine Reden.
- Es gab im Vorfeld keine Einladung an Kooperationspartner, Repräsentantinnen und Repräsentanten etc., was vielleicht nicht von allen verstanden wurde.
- Die Flut und das Aufräumen lassen keine Feierstimmung aufkommen.

Wir haben gebetet. Füreinander!
- Vertreter aus den sieben Gemeinden und der Bürgermeister um einen guten Start,
- die getauften Christen für die haupt- und nebenamtlich Angestellten und ihren Dienst,
- die haupt- und nebenamtlich Angestellten für die Getauften und ihr Engagement im „Weltdienst",
- und der Bischof für uns alle und unseren Weg in die Zukunft.

So können wir gehen. In aller Unterschiedlichkeit. Und Gemeinsamkeit. Vernetzt mit vielen. Getragen von vielen und dem Gebet vieler. Engagiert und entschieden auf dem Weg in eine gute Zukunft. Im Wissen um Fehler, die wir machen werden. Und vereint im gemeinsamen Dienst an den Menschen unserer Stadt.

Müde, mürbe, …

Ich hatte eigentlich mehr Sorge vor dem Jahreswechsel als vor Weihnachten. An Weihnachten haben wir den geschmückten Baum, so viele Lichter drinnen und draußen.
Doch rund um einen Jahreswechsel wird die Müdigkeit spürbarer, die des Leibes und auch die der Seele. Es ist mal genug.

facebook – 5. Januar 2022

Dunkle Zeiten?!

Der Helfershuttle hat es heute Nachmittag gepostet:

„GEMEINSAM DURCH DIE DUNKLEN TAGE.
Weihnachten ist vorbei, das neue Jahr gestartet und die meisten von uns sind schon wieder in den Alltagstrott verfallen. Doch für andere beginnen jetzt noch einmal richtig schwere Zeiten. Es ist dunkel und grau, es regnet viel, Bäche und Flüsse sind teils „voll“ – das drückt aufs Gemüt und kann auch wieder die schlimmen Erinnerungen hervorrufen … “

Ich bin heute Morgen erschrocken, als ein Freund aus Trier mich angeschrieben hat: „Wie ist der Wasserstand der Ahr?“ … Ich hatte nichts mitbekommen von der Hochwasserwarnung und auch nichts von der anschlie-

ßenden Entwarnung ... Ich hab dann zurückgeschrieben: „Muss ich mir Sorgen machen?"
Ein Stich war es schon, und zwar einer, der mich wundert, denn: Ich musste die Flutnacht nicht mit Angst verbringen ... Wie mag es dann denen ergehen, die um ihr Leben oder das ihrer Lieben gebangt haben?

Ich merke, wie viele müde sind. Da kam Weihnachten, das ja immer – auch in diesem seltsamen Jahr und auch wenn alles anders ist – mit Licht zu tun hat. Mit Geschenken. Mit Familie und Freunden. Danach wurde es ruhiger: Die Handwerker waren aus der Stadt und hatten auch endlich mal freie Tage. Viel Besuch ist in „Übergangswohnungen" nicht möglich. Und dann ist ja noch Corona ...
Die Tage nach Weihnachten sind stiller (was ich sehr genossen habe). Und Silvester bringt Rückblick aufs Jahr (selbst wenn ich dazu keine Lust hatte). Da hatte ich wirklich Sorgen, dass der Adrenalinspiegel sinkt, die Müdigkeit zunimmt und die Seele sagt: Es ist mir jetzt wirklich zu viel ... Ich hatte zwei intensive Gespräche nach Weihnachten, wo genau das Thema war: Familie überfordert, Aufgaben sind zu viel, Berge zu hoch, das Hamsterrad hat kein Ende, Alleinsein geht nicht, Schlafen ist wieder nicht gut ... Und ich kenne es von mir selber: das mit dem Schlafen, mit den dunklen Löchern, dem Zuviel an Aufgaben ... Zunächst mal: Es ist so! Und es ist nach fast sechs Monaten Höchstleistung im Ausnahmezustand „normal", wenn Leib und Seele so reagieren.

Was tun in dunklen Zeiten?

* Davon erzählen! Also: nachfragen, Freunde suchen und das „Herz ausschütten", ehrlich sagen, wie es mir geht; ggf. auch (professionelle) Hilfe erbitten ...
* Das Licht sehen! Also, es wird schon wieder tatsächlich spürbar heller: Um 17 Uhr war es noch nicht dunkel. Die Sonnenstrahlen draußen aufsaugen, so gut es geht ...
* Das Schöne genießen! Also, ein leckeres Essen, ein gutes Glas Wein, den Friseurbesuch, einen Einkaufsbummel, einen Blumenstrauß, die Vögel im Garten, ein gutes Buch ...
* Nach vorne schauen! Also, Urlaub aussuchen; Familien- und Freundesbesuche planen; Ziele stecken, über die ich mich freue, wenn sie erreicht sind; vorstellen, wie unsere Stadt, unsere Straße, unser Haus wieder schön sein wird ... und was ich dafür tun kann ...
* Mich bewegen! Also, rausgehen, egal wie das Wetter ist. Auch ein Spaziergang im Regen kann schön sein, – und das Zu-Hause-Ankommen dann noch viel mehr (Glühwein, Kaffee, Dusche, warme Decke, Couch ...) Joggen, Sport machen, schwimmen ... was eben jetzt möglich ist.
* Das Gute aufschreiben! Also, jeden Abend Notizen machen: drei Dinge, die mir heute gut getan haben, die nach Leben schmecken, an denen ich mich freue. Und dafür Danke sagen ...

Es wird heller.

Und das Dunkle werden wir schaffen ... auch wenn es noch ein paar Tage dauern wird. Es sind die kleinen Schritte, die uns voranbringen.

Nein, es ist noch nicht genug, noch lange nicht. Der Weg wird noch lange werden. Das neue Jahr, von dem

ich wünsche, dass es uns allen ein gnädigeres wird, hat viele Entscheidungen, Aufgaben und Sorgen.
Wir werden noch viel Kraft brauchen. Die Akkus sind leer in dieser dunklen Zeit, sie füllen sich längst nicht mehr so schnell wie in den ersten Wochen und Monaten. Bei manchen füllen sie sich auch gar nicht mehr. Und das ist mehr als verständlich.

Da ist die Frau, die mir mit Tränen in den Augen erzählt: „Ich kann nicht mehr!" Erst Corona, dann die Flut, Mann im Homeoffice, Kinder im Homeschooling, wenig Platz, die Renovierungen am Haus ziehen sich hin, brauchen viel Energie und die größere Familie ist auch noch da: Oma, Bruder ...
So geht es vielen. Mütter, die ihre Kinder lieben, und sie trotzdem nicht mehr sehen können. Väter, die ihre Arbeit lieben, und überfordert sind in den immer noch neuen Aufgaben zwischen Familie, Beruf und Haus ... Natürlich sind die Rollen Mutter-Vater in den Beispielen austauschbar ... Was nicht austauschbar ist, ist die Kraft, die gerade jetzt gebraucht wird.

Da sind die vielen guten Angebote für Auszeiten für Kinder und Familien. Meistens kostenlos. Ich frage mich, warum sie so selten genutzt werden. Es mag daran liegen, dass man/frau gar nicht weg kann, denn die Bau-Aufgaben sind eben hier vor Ort. Und es macht sie sonst niemand. Und Handwerker sind rar und kommen spontan.
Es kann daran liegen, dass die Kinder jetzt nicht „irgendwohin" gegeben werden wollen, wo sie niemanden

kennen ... auch aus der Sorge heraus, dass Ängste wach werden, die schlummern.
Als ganze Familie fährt man vielleicht auch nicht so gern weg: Denn Stress gibt es ja zu Hause schon, und wie wird das dann erst in einer neuen Umgebung?

Guter Rat ist teuer.
Ein paar Ideen sind ja gesammelt. Anfangen ...

Neuer Auftrag

Die Flut hat alles verändert, und zwar in unglaublicher Geschwindigkeit. Wir suchen uns mühsam monate- und vermutlich jahrelang Wege durch diese Katastrophe.

Wenn wir in die deutsche Kirche schauen, dann erleben wir rasante Veränderungen auf allen Ebenen. Okay, sie gehen nicht so rasant wie die, die wir hier im Ahrtal durchleben. Ich bin aber überzeugt, dass das, was wir hier erleben, auch alle anderen treffen wird. Nicht die Flut, das Wasser, die äußere Zerstörung, da hoffe ich, dass wir klüger werden im Bauen und im Umgehen mit unserer Umwelt, damit wir möglichst vor Naturkatastrophen bewahrt bleiben.

Ich meine die Veränderungsprozesse, denen wir uns zu stellen haben.

Natürlich können wir weglaufen, uns einigeln und hoffen, dass es vorbeigeht. Das sind aber in meinen Augen genauso wenig biblisch-jesuanische Lösungsmuster wie das Zurückziehen auf die „kleine Herde“, in der alles besser wird. Ich weiß, dass wir kleiner werden, ziemlich schnell sogar. Das verändert dann hoffentlich unsere Arbeit, unseren Stil, unsere Handlungen. Und wir machen nicht einfach so weiter wie bisher.

Wir suchen nach neuen Wegen, nach neuen Formen. Und je länger der Weg nach der Flut währt, umso deutlicher wird, dass es auch einen neuen Auftrag braucht.

Ich bin im Dezember, während der Exerzitien, die ich begleitet habe, noch mal den Franziskanerinnen von Heiligenbronn begegnet. Die Schwestern haben mich mit ihrem Mut, Antworten zu finden und neue, oft auch schmerzhafte Wege zu gehen, immer wieder begeistert.

facebook – 8. Dezember 2021

Neuer Auftrag

Das Exerzitienhaus in Heiligenbronn steht auf dem Klostergelände der Franziskanerinnen neben vielen Einrichtungen für sinnesbehinderte Menschen, und es kommen immer neue Gebäude hinzu. Die Ordensschwestern werden immer weniger. Sie schauen seit Jahren schon, was sie noch leisten können. Sie haben vor vielen Jahren schon eine Stiftung gegründet, die die vielen Häuser und „Werke" trägt, und sie setzen sich mit dem Sterben ihrer Gemeinschaft auseinander.
Mich rührt das an, schon seit Jahren. Weil es der Weg ist, den wir als Kirche gehen werden: kleiner werden, schwächer, an Bedeutung verlieren ... Die Schuld, die Kirchenvertreter auf sich geladen haben, verstärkt in den Bistümern diese Bewegung deutlich ...

Clemens Grünebach, ein Mitbruder, den ich als kritischen Beobachter und Grenzgänger sehr schätze, hat in einem Artikel (Link siehe unten – sehr lesenswert)[19] die Lähmung beschrieben, die gerade viele von denen befällt, die vorausgehen wollen, die näher bei den Menschen sein wollen, die Veränderungen angehen. Als einen Schritt heraus aus der Lähmung beschreibt er das Tun: das Tun dessen, was gefordert, nötig ist – für die Menschen, für die Welt. Und darin Partner suchen und finden, mit denen wir gemeinsame Ziele teilen, auch wenn sie nicht „Kirche" sind oder an Jesus Christus glauben.

Die Franziskanerinnen hier gehen diesen Weg, schauen mutig hin auf das Schwächer-Werden und scheuen sich nicht, vom Sterben ihrer Gemeinschaft zu sprechen.

Die deutsche Kirche und viele derer, die sich in ihr engagieren wollen, suchen den Weg zu den Menschen, auch gegen Widerstände.
Wir im Ahrtal, so kommt es mir vor, haben es da leichter: Wir sind deutlich schwächer geworden. Zum Beispiel ist die Zahl der Gottesdienstbesucher beim letzten Zählen im November nur bei 30 bis 40 Prozent des Standes vor Corona ... Und die Flut hat unsere „Infrastruktur" schwer getroffen. Schwächer werden.

Zugleich zeigt sich aber, dass wir gemeinsam mit anderen, die bisher noch gar nicht im Blick waren, auch Projekte angehen können, für die wir allein gar nicht die „Kräfte" hätten: Da ist ein Kinderspielplatz entstanden,

19 *https://www.futur2.org/article/eingeklemmt-zwischen-hoffen-und-bangen/?fbclid=IwAR1ULts9ORT3g-jvhLMB4hYvfcxgkxjMBdGv-JPat1pfHVaY0kmHQGQx-iA*

nur gemeinsam mit anderen möglich; ein Kinderfest vorher hat stattgefunden, mit so viel Freude; das Verteilen der Geld- und Sachspenden bekämen wir allein gar nicht hin. Wie gut, dass wir uns zusammenschließen können. Und wenn ich in die Zukunft schaue (s. „Vom Kommenden her denken“ 1+2), dann wird mehr als deutlich, dass wir den Aufbau der Gebäude doch viel lebendiger gestalten können, wenn andere mit im Boot sind.

Die Franziskanerinnen üben sich im Loslassen – dessen, was sie als kleiner werdende Gemeinschaft nicht mehr brauchen – und geben ihre Räume zur weiteren Verwendung in die Stiftung, die sie für die sinnesbehinderten Menschen umrüsten wird – was sie als älter werdende Gemeinschaft nicht mehr leisten können –, und freuen sich an dem, was gewachsen ist und was andere jetzt weitertragen; und an dem Neuen, das auch entsteht; dessen, was sie bisher alles verantwortet haben, und was sie so umfassend nicht mehr tragen können, – und vertrauen auf gute Menschen, die Verantwortung und Leitung (und damit Macht) übernehmen und ihren Auftrag weitertragen. Und freuen sich an neuer Freiheit und einer verlockenden (statt erdrückenden) Zukunft.

Ist das nicht auch der Weg für uns als Kirche? In Deutschland? Im Ahrtal?

Wohin geht die Reise?

Ich muss sagen, das ist nicht sofort klar. In Bezug auf den Aufbau unseres Tales, meine ich. Viele sprechen vom Wiederaufbau, der lange Zeit brauchen wird. Ich spreche lieber vom *Aufbau* als vom Wiederaufbau. Denn ich möchte nicht alles wieder so aufbauen, wie es vor der Flut war. Denn vieles, aber längst nicht alles war gut, und wir können vieles besser machen. Jetzt, beim Neu-Aufbauen. Mit so viel Unterstützung vom Staat.

Wir suchen und fragen, wo es hingeht. Aber einerseits muss es schnell gehen: bei der Heizung vor allem, bei der Energieversorgung, bei der Bestellung neuer Möbel und der Elektrogeräte, beim Auto. Da bleibt dann nicht die Zeit zu fragen: Was ist ökologisch sinnvoller? Nachhaltiger? Und andererseits braucht es jetzt Konzepte für Hochwasserschutz und nicht mehr bebaubare Gebiete, für Straßenbau und Energieversorgung, für Digitalisierung und Mobilität, im Naturschutz und in der Renaturierung – was viel Zeit in der Planung und Abstimmung verlangt, die wir nicht haben.

Ich sehe auch bei unseren kirchlichen Gebäuden – noch mal zur Erinnerung: Es sind in Summe 22 geflutete Gebäude unterschiedlichster Art – noch nicht das Konzept und den Weg, wohin wir aufbauen wollen. Am klarsten ist es bei den Kindergärten, das muss schnell gehen.

Aber wie genau?

Wenn ich auf unsere Gebäude schaue, dann denke ich, dass es in die Richtung weitergehen muss, die sich schon in den letzten Monaten – ungeplant(!) – ergeben hat. Einfach, weil Anfragen und Notwendigkeiten gefolgt wurde.

- Fast alle unsere Kirchen waren – ob geflutet oder nicht, ob kleine Kapelle oder große Kirche – längere oder kürzere Zeit im wahrsten Sinne des Wortes „Lebensmittel-Punkte“: Umschlagplätze für Spenden aller Art.
- Um die Rosenkranzkirche in Bad Neuenahr ist ein ganzer Markt entstanden, nachdem erst mal ein Container für die Apotheke da war; Metzger, Bäcker, Gemüsehändler sind dort, Schreibwaren kann man dort kaufen, und Pizza gibt es mittlerweile von Roberto auch dort.
- Im Pfarrheim in Heppingen haben lange Helfer übernachtet, in Rosenkranz und Ahrweiler auch. Auch im Vinzenzheim in Heimersheim. Gezeltet wurde an mehreren Stellen.
- Im Pfarrhaus in Heppingen hat das Studio des Ahrtalradios Heimat gefunden.
- Vor der Kirche in Heppingen war der Stützpunkt des DRK und die Essensausgabe.
- In Ahrweiler ist im Pfarrhausgarten ein Kinderspielplatz entstanden.
- Im Pfarrhaus in Heimersheim ist eine Arztpraxis untergebracht.
- Die alte Kirche in Heimersheim war schnell Gebetsort, auch in Walporzheim, in Hemmessen und in Bachem gab und gibt es neue Möglichkeiten des Zusammenkommens und Alleinbetens; es entstanden neue Mittel- und Treffpunkte.
- Der Wintertreffpunkt am Ahrweiler Markt ist ins Pfarrheim St. Laurentius gezogen.
- Im Pfarrhaus in Ahrweiler ist eine Familie eingezogen …

Da wird mir klar:

- Wir stellen unsere Räume zur Verfügung, wenn sie gebraucht werden.
- Wir suchen Kooperationen, damit Lebendigkeit wächst, Heilung geschieht, Begegnung möglich wird.
- Wir gehen neue Wege zu den Menschen und dorthin, wo Hilfe gebraucht wird.
- Wir stellen guten und bezahlbaren Wohnraum zur Verfügung und erstellen ggf. neue Wohnmöglichkeiten.
- Wir stiften Begegnungen, fördern Zusammenkünfte – vielleicht sogar mit neuen Formen des (verbindlicheren) Zusammenlebens.
- Wir bauen auch die Kirchen so auf, dass sie einladend und gute Orte für Gottesdienst und Gebet sind.

Wir werden einladen, sich an Ideen für die Nutzung der pfarrlichen Gebäude zu beteiligen. Wir brauchen kreative Ideen und laden „alle" dazu ein, sich zu beteiligen. Damit wir nicht einfach wieder-aufbauen, was zwar schön, aber nicht mehr zweckmäßig war und auch nicht mehr so genutzt wurde, wie noch vor 15 oder 30 Jahren. Wir brauchen Kooperationen, damit Leben Platz bekommt und blüht.

Abschied von Gebäuden

Da wird Veränderung wohl am sichtbarsten und härtesten, wenn Gebäude abgerissen werden müssen. Die Bitte nach Verschont-Werden taugt nicht. Es sind auch in unserer neuen Pfarrei Entscheidungen zu treffen, die keinen Jubel auslösen werden, sondern Unverständnis. Entscheidungen, die wehtun werden. Um in einem Bild zu sprechen: Wenn eine Rose zerstört wird, wenn die Blütenblätter zu Boden fallen, dann fällt viel Erinnerung mit, viel Beziehung. Viel Liebe.

Bei drei Kindergärten ist die Entscheidung zusammen mit der Stadt rasch getroffen. Der Aufbau von Gebäuden, die nach 40 bis 60 Jahren trotz ständiger Renovierungen „in die Jahre gekommen sind" und denen Gutachter „wirtschaftlichen Totalschaden" bescheinigen, ist nicht sinnvoll.

- Es blieben alte Gebäude mit all ihren Vor-Flut-Mängeln.
- Ökologische Herausforderungen sind im Neubau leichter umzusetzen.
- Der Aufbau würde den ständig steigenden Raumbedarf nicht decken.

So ist der Abriss des Blandine-Merten-Hauses (hier hat die katholische Kirche gemeinsam mit der Stadt die Betriebsträgerschaft), des St. Pius-Kindergartens und des St. Mauritius-Kindergartens beschlossen und wird zusammen mit der

Stadt vorangetrieben.[20] Damit die Neubauten zügig begonnen werden können und die Notunterkünfte (auch wenn sie noch so gelungen sind) in absehbarer Zeit wieder verlassen werden können.

Das Pfarrheim von St. Pius und auch das Pfarrhaus in der Nachbarschaft werden in Gutachten ebenfalls als „wirtschaftliche Totalschäden" bezeichnet. Die noch gewählten Räte beraten lange und kontrovers darüber, aber am Ende wird der Abriss beschlossen.

Der Bestand der St. Pius-Kirche ist eine deutlich komplexere Entscheidung. Kirchen sind keine Zweckbauten wie Kindergärten oder auch Pfarrheime. In Kirchen wird Glauben und Leben gefeiert, Taufen, Erstkommunionen, Schulgottesdienste, Jugendmessen … Hier sind die großen Feiern im Kirchenjahr mit festlichen Gottesdiensten genauso gefeiert worden wie mancher Alltag und manches an neuen Formen.

Die Gremien haben am Ende ihrer Amtszeit diese Entscheidung nicht mehr treffen wollen.[21] Und wohl auch nicht treffen können. Die Verantwortung ist zu groß.

Ein Gutachten, das im Januar vorgelegt wird, beziffert die Aufbaukosten mit 2,8 Millionen Euro. Ein Neubau käme teurer, also ist es kein wirtschaftlicher Totalschaden. Aber die hohe

20 Hier muss die gute Zusammenarbeit mit den Mitarbeitern und der Spitze der Stadtverwaltung ausdrücklich hervorgehoben werden. Auf allen Ebenen wird nach konstruktiven Lösungen gesucht, die nicht immer leicht zu finden sind, zwischen Land, Bund, Kreis und Bistum mit ihren jeweiligen Logiken. Das Wohl der Kinder und der Familien hat immer oberste Priorität.

21 Mit der Gründung der neuen Pfarrei Bad Neuenahr-Ahrweiler am 1.1.2022 endet die schon verlängerte Amtszeit der Pfarrgemeinde- und Verwaltungsräte. Die Verantwortung geht dann auf den einen neu zu wählenden Pfarrgemeinde- und den ebenfalls neu zu wählenden Verwaltungsrat über.

Summe, die aufgewendet werden muss für die Sanierung … ist sie zu rechtfertigen?

Die Kirche bietet viele Möglichkeiten: Sie ist barrierefrei, hat Parkplätze in der Umgebung. Das Innere hat viel Raum, auch ohne Sichtbehinderungen durch Säulen etc. Umgestaltungen können neue liturgische Feiern ermöglichen. Und doch gibt es etliche „Abers“:

- Am Ende ist es immer noch ein Kirchenbau, der 60 Jahre alt ist und keinerlei Dämmung im Dach aufweist. Die Elektrik war schon vor der Flut komplett zu sanieren, diese „Altersschäden“ an Lampenzuleitungen etc. werden nicht bezuschusst. Die Orgel ist ein Totalschaden.
- Der Kirchenraum mit den ca. 600 Sitzplätzen war nicht erst seit Corona zu groß.
- Können wir eine Kirche vorhalten, die in der Woche für einen Gottesdienst geöffnet ist, und in der vier bis sechs Schulgottesdienste stattfinden, sechs bis acht Taufen pro Jahr und die Feiertagsgottesdienste?
- Werden die nachfolgenden Verantwortungsträger in 10 bis 15 Jahren nicht fragen: Habt ihr den Mitgliederschwund denn damals nicht ernst genommen? Und die Kosten gesehen, die ein so großes Gebäude verursacht, auch wenn es nur wenig genutzt wird?
- Die nächsten großen Kirchen sind etwa 2 km entfernt, die Anna-Kapelle ca. 500 Meter.

Die Entscheidungsträger des Bistums haben diese Perspektiven eingetragen. Auch die Entwicklung der Statistik der Gottesdienstbesucher und der Sakramentenspendung hier und in der ganzen Stadt. Die distanziertere Perspektive muss nicht die

Verbundenheit so vieler zu diesem modernen Kirchenbau, der einstmals modernen und aufstrebenden Gemeinde im Herzen der Stadt und die Feiern in Kirche und Pfarrheim in der Vergangenheit im Blick haben. Wohl aber die kommenden Entwicklungen bei Mitgliederzahlen und Finanzen.

Die Verantwortungsträger in den neuen Gremien, die sich erst finden müssen, werden die verschiedenen Perspektiven und die komplexen Argumentationen anschauen und gewichten, auch im Blick auf die Immobilien in der gesamten Stadt. Die Aufgabe des Kirchengebäudes steht schmerzlich im Raum.

Als Zukunftsperspektive dürfte das Areal, das in der Stadtplanung einmal für das Zusammenwachsen der Stadt und das Zusammenkommen vieler Menschen – auch mit Gott – reserviert wurde, nicht einfach als Fläche für weitere teure Eigentumswohnungen veräußert werden. Ideen für gemeinschaftlicheres Wohnen, getragen von einer Baugenossenschaft, sind im Raum. Hier sind dann nächste Schritte der Ideensammlung und Planung zu gehen. Mit vielen zusammen. Damit Neues entstehen kann. Und die Erinnerung an das, was an Gutem und Wertvollem war, erhalten bleibt.

„… dass noch die Blätter der Rose am Boden
eine leuchtende Krone bilden“

Orientierung – nur an Gott ...

Wir finden erste Bilder, Ziele und Ideen, wohin es mit der Kirche gehen kann. Der Synodale Weg sucht Wege für die Kirche in Deutschland. Der Papst gibt immer wieder überraschende Impulse für den Weg der Kirche im 21. Jahrhundert, wenn er Synodalität so stark betont, wenn er die Ortskirchen stärken will, wenn er in seinem Buch „Wage zu träumen" viele Ideen für eine neue Gesellschaft nach Corona skizziert und anmahnt.

Letztlich muss sich alles an unserem Gott orientieren, der in Jesus Christus zu uns gekommen ist, sonst wird der Weg leer und wir vergeuden unsere Kraft, weil wir uns und unsere Ideen umzusetzen versuchen. Und nicht die des Heiligen Geistes.

Da haben wir mitten im Aufräumen der Flut Weihnachten gefeiert. Nicht nur, dass es da ein paar Tage Auszeit gab, es ist eine deutliche Wegmarkierung für unser Team ins neue Jahr hinein.

An Weihnachten feiern wir den schwachen Gott. Die Botschaft der Engel an die Hirten ist großartig: „Heute ist euch in der Stadt Davids der Retter geboren, er ist der Messias, der Herr!" Und dann kommt als Beleg für diese wunderbare Nachricht: „Ihr werdet ein Kind finden, das in Windeln gewickelt in einer Krippe liegt." Da wird aufgeräumt mit unseren Vorstellungen von einem Gott, der stark und mächtig die Welt regiert.

Ich habe vielen Menschen zugehört, die von ihrem Glauben in der Flutnacht erzählt haben: Sie haben gebetet, die Taufkerzen der Kinder angezündet. Andere haben eine Marienfigur auf die letzten Treppenstufen zum 1. Obergeschoss gestellt, und das Wasser blieb davor stehen. Andere zeigten mir Bilder von Kreuzen, die trocken blieben, weil das Wasser genau darunter stoppte. Sie berichten davon mit Tränen in den Augen, und es ist spürbar, dass es ihnen einen tiefe Gotteserfahrung war.

Aber was ist mit den anderen, die auch gebetet haben, als sie sich im Wasser festgehalten haben, und deren Kraft nicht ausreichte? Was ist mit denen, die in ihren letzten Minuten gebetet haben, und die keinen Baum, keine Hand, keinen Halt fanden? Wo war da der Gott, der retten kann aus Wasserfluten, wie es in den Psalmen immer wieder heißt? Da wird die Theodizee-Frage laut, die Frage danach, wo Gott im Leid ist.

An Weihnachten ist die Antwort: Er ist drin in dieser Welt. Weil er in Jesus schwach geworden ist. Warum? – Weil er auf Augenhöhe gekommen ist. Weil er nicht von oben herabschaut, sich raushält. Er ist mittendrin und will es sein.

Am Karfreitag ist die Antwort: Er leidet selbst in Jesus, schwingt nicht den Zauberstab, um das Leid der Welt wegzunehmen, sondern leidet, trägt, weint und stirbt.

An Ostern ist die Antwort: Auch der Himmel kennt noch die Wunden, aber sie sind geheilt, gehören zu uns, tun nicht mehr weh; endlich ist alles gut. Dann. Dort.

Ich glaube, dass Gott da war, auch bei denen, deren Gebet nicht erhört wurde. Bei denen, die starben in den Wassern der Ahr. Er ist mit gestorben.

Weihnachten und Karfreitag korrigieren unser Bild vom starken Gott, weil er selbst das so wollte. Ich glaube an einen Gott, der als schwacher geliebt werden will, und nicht, weil er als starker nützlich und hilfreich ist. Der dort ins Spiel kommt, wo wir zu Ende sind. Ihn in seiner Schwäche annehmen, weil er mich in meinen Schwächen annimmt. Der deutsche Philosoph Theodor W. Adorno schreibt: „Geliebt wirst du einzig, wo du schwach dich zeigen darfst, ohne Stärke zu provozieren."

Ich weiß, dass das keine Antworten sind wie die, die Wikipedia zu bieten hat. Ich weiß, dass das auch viel eher ein Weg als Antwort ist, also eine Richtung aufzeigt, in der ich suche, und nicht so sehr Gedanken, die etwas erklären. Eher Blütenblätter am Boden als eine langstielige wunderschöne Rose. Insofern bleibe ich hier etwas schuldig. Es bleibt viel offen. Vielleicht enttäuscht das …

Ich habe in dieser Krise gelernt, dass mir der Blick auf den schwachen, zerbrechlichen und verwundeten Gott mehr hilft als vorgefertigte Antworten aus schlauen Büchern, die in meinem Regal stehen. Ich habe selbst gesucht, und suche immer noch. Ich frage, weil ich nicht verstehe.

Ich erinnere mich an die Begegnungen und Gespräche, die mir hilfreich waren auf diesem Suchweg, gemeinsames Überlegen, Ringen, Austauschen von Erfahrungen. Zum Beispiel mit Stephan als Freund und Kollege und im Ringen um Deutefolien für das Durchleiden-Müssen. Das ist etwas anderes als Antworten geben.

Schnelle Antworten hat schon der alttestamentliche Leider Ijob von seinen Freunden erhalten – und nicht ertragen.

Ähnlich war das, was mir die Psychologinnen Anna und Sabine mitgegeben haben. Es waren Deutungen für das, was wir erleben, und nicht Antworten und damit schnelle Hilfen: „Machen Sie das mal soundso, dann wird das schon wieder." – Das sind Sätze, die verhöhnen und die deshalb wertlos sind.

Die Journalisten Mathias, Tobias, Max und Matthias, die nicht nach Schlagzeilen gesucht haben, sondern das Leben verstehen wollten, halfen genau deshalb mit ihren Fragen weiter.

Oder Petra und Peter-Josef, die nicht Gebete vorgeschlagen haben, als ich nicht beten konnte, sondern die einfach gebetet haben – ihr Gebet bei Tisch, so wie sie es immer tun, weil es ihnen wichtig ist. Das hat mir Platz gelassen und Brücken gebaut. Zu neuen Wegen des Betens.

Glauben ist ein Weg, der in immer neue Umgebungen führt. Der Impulse und Ideen braucht von anderen, vielleicht erfahreneren Pilgerinnen und Pilgern auf diesem Weg. Gehen muss ich ihn selbst. Doch das Gehen ist schon Antwort auf die Fragen des Lebens.

… und Kirche

So erlebe ich, dass Gott den Weg mitgeht, den ich gehe.
Hier sehe ich auch den Weg der Kirche. Der Weg ist derselbe Weg, den Gott in Jesus gegangen ist: der schwache Gott, der mitgeht, der geliebt werden will, der sich verletzlich macht, der wartet und Geduld hat. Der leidet, aushält, durchgeht und darin Perspektiven anbietet.

Wenn ich das übertrage auf die Frage nach dem Platz der Kirche …, dann ist ihr Platz …

- auf dem Weg der Menschen, mitten bei ihnen.
- im Suchen und Fragen, im Aushalten des Nichtwissens und der Dunkelheit.
- in Schwachheit und auch in Schuld, zerbrechlich, verletzt.

- im Wissen um Fehler und Umwege, weil wir sie selbst machen.
- im Anbieten von Perspektiven, wenn danach gefragt wird.

Wohin wollen wir bauen? Wie Gott: Zu den Menschen hin. Um ihnen zu dienen.

Zurück zu Weihnachten:
Wir haben in verschiedenen Gottesdiensten an Heiligabend das Jesuskind in eine Schubkarre gelegt, in der im Juli Schlamm gefahren wurde. An einer Krippe standen neben den Hirten und Königen Helferinnen und Helfer von DRK, Feuerwehr, THW und vom Helfershuttle. Ist das nicht das Bild für das, was ich mit den vorangegangenen Worten zu beschreiben versucht habe?

Oder im Gedicht von Hilde Domin:
„Es taugt die Bitte, dass noch die Blätter der Rose am Boden eine leuchtende Krone bilden." Ein starkes Bild in der Schwäche und Zerbrechlichkeit. Gleich verweht, aber ein schönes Zeichen. Eines, das nicht Antwort ist, aber Mut macht weiterzugehen und dann (vielleicht) im Gehen Antworten zu finden.

facebook – 14. Januar 2022

Sechs Monate ... Erst? ... Schon?

Heute sind es sechs Monate, seit die Flut kam. Es sind Bilder und Erlebnisse, die keiner hier im Tal je vergessen wird.
Natürlich gehen die Gedanken zu den Menschen, die in dieser Nacht ihr Leben verloren haben. Es sind so viele.
Wie ist es heute, sechs Monate danach?

* Viele Menschen sind müde, kaputt, erschöpft ... Ich spreche mit vielen, die keine Kraft mehr haben, die sich der Tränen schämen, die immer noch und immer wieder fließen. Der Schlaf ist immer noch (oder wieder) unruhig und oft sehr kurz ...
* Ja, wir haben uns an viele Bilder gewöhnt: Straßen mit Löchern, verschmutze Autos, OSB-Platten statt Fenster ... Wenn ich mir bewusst mache, was ich sehe – mit den Erinnerungsaugen: Wie war das hier einmal? Oder mit den Augen eines Fremden: anschauen wie zum ersten Mal ... Dann tun die Flutschäden nach sechs Monaten immer noch richtig weh ...
* Vielen fehlt die Perspektive oder die Geduld für den Aufbau. Es geht nicht voran ... Das Geld ist noch nicht da ... Was zum Aufbau nötig ist, fehlt oft genug ...

Und auch:

* Es ist so viel geschafft: allein die Brücken, die wir alle so selbstverständlich wieder nutzen können. Die Versorgung mit Wasser, Strom, Gas steht bei den allermeisten wieder. Okay, das Internet wackelt an manchen Tagen, und es geht fast nichts ... Die Abwasserkanäle werden in diesen Tagen analysiert, von Unternehmen aus ganz Deutschland. So wie auch die Handwerkerautos Kennzeichen aus ganz Deutschland haben.
* Wir können wieder lachen, über uns, über die Witze, über die wir immer gelacht haben, und das ist so heilsam! – Wie schade, dass kein Karneval sein wird.
* Es gibt viele gute Orte, die wieder entstanden sind: die Schulen und Kindergärten, die Einkaufs-Malls, die Uferlichter mit der Eisbahn ...

Ich schaue gern auf das, was wir in den letzten sechs Monaten schon alles geschafft haben. Und wenn ich dann sechs Monate weiterdenke, dann freut mich, wenn ich die vielen Wohnungen sehe, die wieder bezogen sind, wenn ich die Geschäfte und Restaurants sehe. Und die Blumen und Bäume, die wieder blühen.

Ich weiß, das wird noch Kraft kosten, viel Kraft. Und die haben viele von uns grad nicht (mehr). Was hilft?

* Gegenseitig Mut zusagen: Du schaffst das! Wir schaffen das! Gemeinsam auf jeden Fall!
* Das Licht sehen: Wir haben die dickste Dunkelheit des Jahres hinter uns. Es wird heller, jeden Tag.
* Wenn es ein Trauerjahr gibt (und das belegen ja ganz viele Erfahrungen), dann haben wir die meiste Strecke davon hinter uns. Und das, was vor uns liegt, wird kürzer, weniger ... Und das was hinter uns ist, haben wir geschafft ... Es ist mehr und anstrengender als das, was vor uns liegt.

Zusammenhalten. Die Heimat aufbauen. Gemeinsam.

Wir schaffen das!

Gemeinsam auf jeden Fall!

Es taugt die Bitte
...
und dass wir aus der Flut
...
immer versehrter und immer heiler
stets von neuem
zu uns selbst
entlassen werden.

Hilde Domin,
Bitte

Behelfsbrücke über die Ahr in Ahrweiler im April 2022. Am Ufer der Ahr liegen Hölzer und Baumreste an der Böschung.

In einem Blumenkasten blühen bunte Blumen, hinter ihnen steckt ein Pappschild mit der Aufschrift „tausend Dank!“

Verletzbarkeit / Vulnerabilität (1)

Vulnerabilität ist ja auch einer der vielen Begriffe, die die Coronapandemie uns beschert hat. Es wird immer wieder über die vulnerablen Gruppen gesprochen, die besonderen Schutz und Achtsamkeit brauchen. Ich habe hier schon oft von den Verletzungen geschrieben, die die Flut in unseren Seelen hinterlassen hat. Und Corona gibt's ja auch noch …

Mir ist aufgefallen, wie oft in meinen Texten Tränen vorkommen, äußere Zeichen der Seelen-Wunden, wenn auch nicht bei allen.

Ich darf eine Raus-Zeit machen. Sie war schon vor Weihnachten geplant. Als spürbar wurde, wie belastet auch meine Seele ist. Auslöser war die Ernennung zum Verwalter der neuen Pfarrei Bad Neuenahr-Ahrweiler. Da habe ich die Verantwortung gespürt, die mit diesem Schreiben auf meine Schultern gelegt wurde. Und ich kam mir vor wie ein Esel, dem man zu all der Last, die er schon trägt, auch noch ein dickes Paket dazulegt: die Verantwortung für die gesamte Verwaltung, und zwar allein, bis es eben wieder einen gewählten Verwaltungsrat gibt.[22]

In dieser Überlastung mit Kraft- und Schlaflosigkeit habe ich mit einer Fachfrau geschaut, in welchem Bereich Unter-

22 Die Bistumsverantwortlichen haben mit mir nach Entlastung geschaut. Es wurden im Verwaltungsbereich die Stelle von Gertrud H. aufgestockt auf 50 % und zwei weitere Stellen geschaffen: eine im Bereich Immobilienverwaltung und eine im Bereich Verwaltungsleitung. Beide gelten für das ganze Flutgebiet und wurden zum 1. Februar 2022 bereits personalisiert.

stützung und Begleitung am sinnvollsten ist: im Geistlichen (also mit dem Blick auf meinen Glauben), durch Coaching oder Supervision (also mit Blick auf Arbeitsorganisation und -struktur) oder durch Therapie (also im Blick auf die psychische Belastung). Wir haben uns für die therapeutische Begleitung entschieden. Ich habe da zum ersten Mal den Begriff „Containering" gehört und sofort verstanden, was es heißt, wenn die Seele aus jeder Begegnung etwas mitnimmt und „behält".

Ich habe eine Therapeutin gefunden, wofür ich sehr dankbar bin. Und wir haben ein paar Maßnahmen neben dem regelmäßigen Gespräch vereinbart, die mir in den Wochen seither helfen: dreimal pro Woche bei Tag joggen; eine Tageslichtlampe, wenn ich am PC sitze; und als pharmazeutische Unterstützung Vitamin D und zunächst mal ein Johanniskraut-Präparat. Eine sofortige Krankschreibung vor Weihnachten habe ich abgelehnt, dafür habe ich stattdessen mit dem Team eine längere Auszeit Ende Januar und Anfang Februar geplant.

Ich bin im Schwarzwald, zuerst bei einer Freundin, im Kloster Heiligenbronn und später am Feldberg. Genieße Schnee und Sonne, Ruhe und Gebet, Letzteres auch mit den Schwestern. Lese. Bin in der Natur. Die Kraft kommt zurück, sie reicht sogar für einen Halbmarathon auf verschneiten Wegen. Das Schreiben an meinem Buch bringt vieles in Erinnerung, ist Verarbeitung der letzten Monate. Ist Annehmen der Wirklichkeit und zugleich auch Loslassen.

Ich weiß um den Luxus meiner Raus-Zeit, einer Zeit, die so viele nötig hätten. Und ich komme an meine Quellen, um die ich weiß und die ich brauche:

- Im Kontakt mit lieben Menschen sein, vernetzt sein, Austausch, Freunde.

- Im Kontakt mit Gott sein, beten, still werden, Meditation, Rückblicke.
- Im Kontakt mit mir sein – Bewegung, Natur, Sport, Spiel.

Ich spüre, wie meine Seele zur Ruhe kommt und heilt.

Verletzbarkeit / Vulnerabilität (2)

Ein Gedanke muss noch dazu: Verletzbarkeit als Grundzug unseres Glaubens und unseres Lebens.

Wir haben an Weihnachten Gott gefeiert, der Mensch wird. Neben der Endlichkeit und Begrenztheit ist doch das Verletzbar-Sein das, was unser Menschsein am deutlichsten ausmacht und was Jesus mit uns geteilt hat:

- die Phase nach der Geburt ist die gefährdetste unseres Lebens;
- ihm wird schon als Kind nach dem Leben getrachtet;
- Jesus ist darauf angewiesen, dass seine Eltern ihn versorgen;
- Jesus wird in der Kunst oft als Schmerzensmann dargestellt; diese Bilder sind mir näher als der Christuskönig, der über den Himmeln thront.

Und ich schaue in unsere Kirchenzeit, die so viel mit Verletzungen und Verwundungen zu tun hat: zugefügt, nie am Licht, versteckt, vertuscht, totgeredet … und doch so lähmend, schmerzend, nie heilend.

Aus dem Leben und Sterben meines Bruders weiß ich sehr nahe, wie lebenshindernd es ist, wenn Verletzung keinen Platz hat, nicht ans Licht kommt. Dann wird es bedrohlich, mitunter lebensbedrohlich.

Wenn Kirche bei den Menschen ist, dann wird sie viel deutlicher die Verwundbarkeit annehmen. Die Risse, die die Welt und unser Leben immer auszeichnen. Wir sind keine Reinen, Perfekten, Unfehlbaren. Wir sind Menschen, denen das Leben viel abverlangt, die ihre Wunden davongetragen haben und oft noch daran leiden. Wir haben alle solche Wunden – die einen sichtbarer, die anderen versteckter oder schon geheilter.

Die Flutkatastrophe hat die Chance des Zusammenhaltens und der SolidAHRität auch in der Verletztheit, denn hier im Tal sind wir alle verwundet worden von den Wassern der Ahr und den Ereignissen der Flutnacht. Wir haben sie nicht versteckt. Und wir brauchen sie auch künftig nicht zu verstecken.

Was hier im Tal gilt, das kann auch in unserer Gesellschaft gelten: zu den Wunden stehen. Denn wer seine Wunden nicht sehen und zeigen kann, der muss sie hinter Mauern verstecken, und die sind meist aus Angst gebaut.

„Unsere Stadt wird wieder bunt“

Schon lange hängen die Plakate mit diesem Slogan an Bauzäunen, in den zerborstenen Schaufenstern und an Brücken. Bunt und freundlich, sie wollen Hoffnung geben. Doch das machen ja nicht Plakate, sondern Menschen. Und davon gibt es ganz viele im Ahrtal.

Schon im Herbst haben Christoph und sein Firmen-Team das Blumenbeet vorm Ahrtor wieder bepflanzt. Zu der Zeit lagerten in der Nachbarschaft noch riesige Müllberge. Und weil sie solchen Spaß damit hatten, wurde das Stadtwappen mit

Glassteinen mitten hinein gezaubert. Ein Wunderwerk – ein Hoffnungszeichen.

Unsere Gartenbaubetriebe sind nicht nur beim Aufräumen von Anfang an dabei, sondern helfen auch beim Begrünen und Lebendig-werden-Lassen. Sie bringen Kolleginnen und Kollegen dazu, die Friedhöfe zu bepflanzen und weitere Beete wieder herzurichten. Danke!

Von Tamara und Reinhard und dem Verein „GlasklAHR“ hab ich schon erzählt. Nun will ich von Ragna erzählen. Sie, promovierte Biologin und Familienmutter, spürt, dass Leben im Tal fehlt. Sie vernetzt und verbindet sich mit Carl aus Koblenz-Lay, der schon viele Tausende Insektenhotels in Deutschland und in Spanien entlang der Caminos aufgehängt hat. So kommen Nistkästen, Insektenhotel, Futterstellen und vieles mehr ins Ahrtal. Ragna bastelt, werkelt, pflanzt, baut … und will unserem Tal Vielfalt, Buntheit, Leben in Fauna und Flora zurückgeben. Sie hat eine unglaubliche Energie, motiviert andere und findet Partnerinnen und Partner in den Schulen und Kindergärten, in den Naturschutzverbänden, der Stadtverwaltung … und viele Privatpersonen. Mutterboden, Vogelfutter, Pflanzen, Pflanzkästen und noch viel mehr wird gespendet und weitergegeben.

Die kleinen Tiere – Insekten aller Art, Singvögel, Nager – werden es danken und hoffentlich ins Tal zurückkommen. Und unsere Stadt und das Ahrtal wieder bunt machen.

Der Helfershuttle hat für März ein neues Ziel ausgegeben: Die (Vor-)Gärten noch mal herrichten, ergrünen und erblühen lassen. Klar, die Helferinnen und Helfer sind keine professionellen Gartenplaner, aber gemeinsam wird das ein toller Start ins Frühjahr, der den Seelen guttut. Den noch verblieben Dreck und Schutt beiseiteschaffen und die ersten Boten des Frühlings blühen lassen. Und den Samen für einen bunten

Sommer legen: Wir machen's grün. Wir machen's schön. Wir machen's bunt.

Wir brauchen solche Zeichen der Hoffnung und des Lebens, die sichtbar machen: Es geht voran. Das Leben ist stärker. Unsere Gärten und Balkone werden wieder blühen. Und das Ahrtal.

Immer versehrter und immer heiler

Wie kann jemand immer verletzter, verwundeter und zugleich immer heiler, gestärkter sein? Wie geht das? Ist das nicht paradox?

Es ist für mich die stärkste Bitte, auf sie läuft das Gedicht von Hilde Domin zu.

Noch mal die Flut, die Sintflut.

Die Dichterin führt Daniel ein, den jüdischen Fremdling in Babylon in seiner Verfolgung und seinen Prüfungen in der Löwengrube und im Feuerofen. Da klingen bei mir die Erinnerungen der Jüdin an, deren Volk in Nazi-Deutschland vernichtet werden sollte.

Wie verletzlich sind wir Menschen … immer … bedroht … ausgesetzt … unversehrt-sicher – noch nicht mal im eigenen Haus und Bett.

Wir Menschen im Ahrtal haben es am 14./15. Juli am eigenen Leib erfahren. Das Flut-Erschrecken in unserem Land und für kurze Zeit sogar in der ganzen Welt hängt damit zusammen, dass alle spüren: Das hätte uns genauso passieren können!

Wir werden im Ahrtal diese Katastrophe meistern. Weil es starke Gemeinschaft im Tal und SolidAHRität und Zusammenhalt im ganzen Land gibt.

Wir werden die Wunden der Flut immer mit uns tragen. Und die Wunden, die die Zeit danach, die Anstrengungen, Abschiede, Tränen gekostet haben, werden wir auch mitnehmen.

„Versehrte", ein Wort das wir im 21. Jahrhundert kaum noch benutzen. Wir sagen Verletzte. Und Corona hat uns neben vielen anderen das Wort von den „Vulnerablen" unserer Gesellschaft geschenkt. Dazu gehören wir alle, wenn es um die Seelen geht. Niemand geht unverletzt durchs Leben.

Wir lernen, durch die Krisen durchzugehen, und wenn es noch so mühsam ist. Tag für Tag, einen weiteren Schritt. Schnelle Antworten und Lösungen taugen da nicht wirklich.
Das ist meine Erfahrung.
Und im Gehen werden wir heiler.
Fast unbemerkt.

Drei Briefe

Das Gedicht von Hilde Domin, das den zweiten Teil dieses Buches gegliedert hat, heißt „Bitte". Ich möchte dieses Buch mit je drei Bitten enden, die in drei Briefe gefasst sind.

Sehr geehrter Herr Bundespräsident,
(Oder, wie Sie hier bei Ihrem Besuch begrüßt wurden:)
Lieber Frank-Walter,

Am 10. Oktober 2021 haben Sie das Ahrtal besucht. Ich durfte Sie in unserem Pfarrhaus willkommen heißen, als Sie so mutig waren, sich mit Familien zu treffen, deren Angehörige in der Flut ertrunken sind. Am 13. Februar 2022 hatte ich die Ehre als einer, der in die Bundesversammlung gewählt wurde, Sie in die zweite Amtszeit zu wählen. Es war mir wichtig, das Ahrtal in dieses höchste politische Gremium unserer Republik mitzunehmen. Und ich möchte Ihnen meine Bitten aus dem Ahrtal mitgeben. Wenn ich Sie Ihnen als unserem Staatoberhaupt mitgebe, dann tue ich es stellvertretend für alle Politikerinnen und Politiker guten Willens.

Ich bitte Sie:
– *Setzen Sie sich ein, dass die Scheren in unserer Gesellschaft nicht noch weiter auseinandergehen, sondern wieder zusammenkommen.*
Die Gesellschaft spaltet sich mehr und mehr in Gesunde und Kranke, Geimpfte und Ungeimpfte, Jung und Alt, Ausländer und Einheimische, in immer Ärmere und immer Reichere … Wir leben immer mehr in Blasen, und

lassen „die anderen“ nicht mehr an uns heran. Die Katastrophe in unserem Tal, aber auch die Coronapandemie haben für kurze Zeit aufscheinen lassen, dass wir es gerne anders hätten. Und wie tragend es sein kann, wenn alle im selben Boot sitzen, und sich als Brüdern und Schwestern und nicht als Connections oder als Konkurrenz erleben. Seien Sie Brückenbauer!

– Setzen Sie sich mit aller Kraft dafür ein, dass der Klimawandel gebremst wird!
Wir haben eine Katastrophe erlebt, die „aus heiterem Himmel“ hereingebrochen ist. Und was im Westen unserer Republik geschehen ist, kann überall passieren. Und es wird wieder passieren. Wir wissen das jetzt schon. Wir brauchen schnell und deutlich eine ökologischere Gesellschaft, eine ökologischere Wirtschaft, ein ökologischeres Leben. Das sind wir unserer Erde und unseren Kindern schuldig. Wir haben keine zweite Erde. Und auch keine zweite Chance. Wir müssen es machen! Gehen Sie voran. In Deutschland. Und in der Welt.

– Setzen Sie sich dafür ein, dass wir mit weniger leben werden!
Viele unserer jungen Leute wissen es längst: Das „Es soll euch mal besser gehen als uns“, mit dem meine im Krieg geborenen Eltern den Aufbau geschafft haben, ist ans Ende gekommen. Wir brauchen neue Zielvorgaben und Leitsätze. Nicht immer Mehr-Konsumieren, Weiter-Reisen, Mehr-Leisten usw., sondern eine neue Solidarität mit allen Menschengeschwistern auf der Welt; eine neue Wirtschaft, die nicht immer weiterwächst und Ressourcen verschlingt; einen neuen Lebensstil mit weniger Haben-Wollen und dennoch glücklich sein.

Dazu gehören: bedingungsloses Grundeinkommen, ökologischere Wohn- und Lebensformen, neue Mobilitätsformen und ein verändertes Finanzwesen.

Das sind dicke Bretter, klar. Wir müssen damit beginnen, damit die Welt eine andere wird.

Danke, lieber Herr Bundespräsident Frank-Walter Steinmeier für Ihre Bereitschaft und Ihr Engagement für unsere Gesellschaft und unsere Welt.

Herzliche Grüße und auf ein Wiedersehen
im solidAHRischsten Tal der Welt
Ihr Jörg Meyrer

Lieber Jesus,

wenn ich dir einen Brief schreibe, dann ist das ein Gebet. Und das mit dem Beten war nicht einfach in den letzten Monaten, du weißt das. Ich habe mich verändert und dann muss sich auch mein Beten und damit meine Beziehung zu dir verändern. Für dich ist das sicher nicht schlimm.

Wie ich mich verändert habe:

- Viele der alten „Gewissheiten", Sicherheiten sind weg. Was selbstverständlich war, ist es längst nicht mehr, z. B. dass die Zukunft planbar, weil ein gutes Stück vorhersehbar ist. Mit der Flut war alles anders. Und danach war eben nicht abzusehen, was an jedem neuen Tag alles passieren wird. Aber ich bin dir dankbar: Es gibt immer einen neuen Tag!

- Meine Welt war sicher: einkaufen, ein Dach über dem Kopf, Finanzen und damit auch die Grundversorgung, Natur, … über all das habe ich mir nicht wirklich Gedanken machen müssen. Katastrophen trafen immer die anderen, ich kannte sie nur aus den Nachrichten. Auf einen Schlag waren wir aber mittendrin. Das hätte ich mir nie träumen lassen … Ich bin dir dankbar: Es war so viel Hilfe da!
- Krisen bringen das Beste der Menschen, aber auch die Ecken, Fehler und Kanten deutlicher zum Vorschein. So habe ich es auch bei mir erlebt. Das Kreisen um mich selbst war weg nach der Flut – die alten Sorgen und Ängste in mir. Stattdessen habe ich Sachen gemacht, die ich mir nie habe träumen lassen, z. B. Pressearbeit, ein Buch schreiben, ohne Routinen den Tag gestalten, wochenlang ohne Strom und Wasser leben ... Ich bin dir dankbar für diese Schule des Lebens, auch wenn sie ruhig etwas weniger hart hätte ausfallen dürfen!

Ich habe nie an dir gezweifelt, auch wenn ich eine ganze Zeit lang nicht mit dir geredet habe, wie ich es vorher getan hatte. Dass du da warst und bist, damit bin ich in Worten deutlich vorsichtiger geworden. Ich habe dich nicht so erlebt, wie ich dich vorher erlebt hatte: als Trost in Trauer, als Ruhe nach dem Gebet, als Kraft für den Weg des Tages, als Zuversicht in gemeinsamem Gebet und Gottesdienst. Du bist mir viel näher gekommen in Menschen, dein Menschsein habe ich viel deutlicher gespürt:

- in denen, die als Helferinnen und Helfer zu uns kamen (Samaritergebet haben wir das genannt);

- in denen, die gesucht und gefragt oder einfach angepackt haben – wie oft warfen mir kostbare Menschen einen Lichtstrahl zu dir hin;
- in den Geschenken von Nähe: in den Umarmungen, im Gebet für uns, im starken Arm, im guten Wort, im offenen Ohr – da habe ich (oft erst im Nachhinein) dich erahnt.

Und „Kirche" hat sich verändert. Und das ist auch meine ganz große Bitte an dich:

- Gib den Mut zur Veränderung denen, die mit mir Kirche sind – in unserem Tal und in unserem Land. So geht es nicht weiter. Uns im Tal hast du den Weg gewiesen: Zu den Menschen sollen wir gehen. Bei den Menschen bist du. Dort finden wir dich. Du hast die, die zu dir kamen, gefragt: „Was willst du? Was brauchst du?" – Das werden auch heute die Fragen sein, die uns als Kirche verändern. Sie werden auch unsere Gesellschaft verändern.
- Die zweite Bitte ist die um Kraft für unseren Weg: Er ist oft so anstrengend! Uns geht die Puste aus, die Akkus werden schneller leer. Du weißt um jede und jeden, die/der gerade nicht mehr kann! Wir brauchen deine Kraft, deine Hoffnung. Und deine Hilfe, die sicher wieder zuallererst auf zwei Beinen daherkommen wird.
- Und eine dritte Bitte habe ich: Lass uns dir noch mehr vertrauen. Wem denn sonst, wenn alle Sicherheiten fallen? Ich erinnere mich an manches konkrete Gebet um Hilfe, als ich nicht mehr weiterwusste – und dann kam Hilfe und Lösung. Wir dürfen dich bitten, ja natürlich – und auch ganz konkret! Und wenn mir oder den anderen die Worte fehlen, dann hör doch einfach

auf die still-tiefe Sehnsucht in uns oder das Gebet der anderen, und was deine Heiligen dir sagen! Lass mich noch mehr vertrauen!

Danke Jesus, dass ich dir das sagen darf!
Dass du auch Klage und Frage aushältst.
Dass du in jedem Menschen erfahrbar bist!

Liebe Grüße und bis gleich!
Dein Jörg

Liebe Leserin, lieber Leser,

dir will ich zum Schluss einen Brief schreiben. Du hast mir nun so lange zugehört. Und ich habe dir ganz viel von mir erzählen dürfen. Dafür bin ich dir sehr dankbar! Ich ahne, dass du mich durch das, was ich geschrieben habe, und noch mehr durch das, was du zwischen den Zeilen erfahren hast, ziemlich gut kennengelernt hast. Das ist ein Wagnis, aber das gehe ich ein! Und zwar im Blick auf die Menschen in unserem Ahrtal, die ich dir mitgebracht habe, und die ich dir am Ende noch mal ans Herz lege.

- Das ist meine erste Bitte an dich, du guter Mensch: *Vergiss uns nicht in unserem Tal!* Und auch nicht die anderen, die im Juli 2021 im Westen Deutschlands so schreckliches erlitten und so viel verloren haben. Wir brauchen dich! Auch weiterhin. Denk an uns! Komm uns besuchen! Unterstütze uns!

- Und als Zweites will ich dir ans Herz legen:

Verändere dein Leben, und wenn es nur ein ganz klein wenig ist. So weitermachen wie bisher, das wird zu weiteren Katastrophen wie bei uns führen. Kennst du deinen ökologischen Fußabdruck? Wann hast du diesen Test zuletzt gemacht? – Da gibt es auf jeden Fall schon Ideen für ein anderes Leben.

Und es gibt so viele Möglichkeiten, ökologischer und nachhaltiger zu leben:

- Beim Essen und bei der Ernährung, z. B. weniger Fleisch und Fisch, regionaler und saisonaler. Das alles muss nicht viel kosten und hilft schon so viel.
- Beim Einkaufen von Kleidung, Elektrogeräten und Autos etc. auf die Lieferketten achten, auf Reparierbarkeit, auf Qualität, die sich letztlich auszahlt, auf fairen Handel.
- Beim Verbrauch von nicht nachwachsenden Ressourcen und Energie, z. B. Reisen, Kompensation von CO_2-Verbrauch, Energieverbrauch reduzieren.

Bitte, bitte! Kleine Schritte sind besser als keine.

- Und die dritte Bitte an dich, das ist: *Zusammenhalt und SolidAHRität!* Wir haben sie in so unglaublicher Weise erfahren dürfen. Und die, die sie uns geschenkt haben, sind unsere Engel in tiefster Nacht. Du kannst viel dafür tun, dass wir in unserer Gesellschaft und in unserer Welt näher zusammenrücken und uns gegenseitig stärken.

Wenn so viele Tausende hier im Ahrtal erlebt haben, dass Helfen glücklich macht, viel glücklicher als Geld und Urlaub und Konsum, dann kannst du das Gleiche auch bei dir erleben. Wäre es eine Idee, wenn du jede Woche eine halbe Stunde verschenkst, um die Welt besser zu machen? Um Menschen, denen es nicht gut geht, beizustehen?

Es ist ein Geschenk, das dich glücklicher machen wird. Glaub mir! Oder den vielen Helferinnen und Helfern hier im Ahrtal.

Ich schließe diesen Brief mit großem Dank. Und mit dem, was uns und mir Mut gemacht hat:

#heimat #weAHRone #SolidAHRität #weAHRfamily #wirschaffendas

Danke und bleib behütet!

Dein Jörg

Statt eines Schlusswortes

Das Buch ist zu Ende geschrieben.

Nicht zu Ende ist die Katastrophe im Ahrtal, oder besser ihre Bewältigung. Das wird noch Jahre fordern. Und viele Anstrengungen kosten. Auch uns als Seelsorgerinnen und Seelsorger – in der Begleitung der Menschen auf diesem oft mühsamen Weg.

Nicht zu Ende ist auch die Katastrophe, die der Ukraine-Russland-Krieg über so viele Menschen in Europa gebracht hat. Wann wird dieser Wahnsinn ein Ende haben? Welche Folgen werden bleiben – für die Wirtschaft und die Rüstung, für die Friedenspolitik und die Weltordnung?

Nicht zu Ende ist die Coronapandemie. Wir wissen nicht, wie wir nach dem Sommer leben werden ... Mit neuen Virus-Varianten, neuen Impfungen? Neuen Lockdowns? Woher kommt das Geld für die vielen Maßnahmen – vom Impfen übers Testen bis zur Unterstützung der Wirtschaft? Und was ist mit den Belastungen der Familien, der Kinder?

Nicht zu Ende sind die Folgen des Klimawandels, die immer deutlicher zu spüren sind. Kommen weitere Katastrophen auf uns zu, wie wir sie im Ahrtal erlitten haben? Wird „Katastrophe“ zum „Normalzustand“ werden?

Nicht zu Ende sind die Krisen in der Kirche, nicht nur im Ahrtal. Nicht nur in Deutschland. Dass die Volkskirche, in der so viele von uns groß geworden sind, zu Ende ist, ist keine

Neuigkeit. Mit welcher Geschwindigkeit der Abbruch geht, erschreckt dennoch viele.

Und wie damit leben? – Dass Sicherheiten wegfallen. Dass wir den Gürtel enger schnallen müssen. Dass ständige Veränderungen zum Alltag gehören werden ... – Das alles wird die Schwachen mehr treffen als die Starken, die mit weniger Geld mehr als die Reichen.

Wird die Krise zum Dauerzustand? – Es gibt nicht wenige, die das vorhersagen. Die letzten fünf Jahrzehnte mit ungekanntem Wohlstand, ständigem Wachstum und fast unbegrenzten Möglichkeiten, mit Frieden in Europa – das alles ist eine Ausnahme-Zeit in der Menschheitsgeschichte. Ist diese Phase für uns zu Ende? Wie leben wir, die wir solche Krisen nie zu bewältigen hatten, in diesem Dauerzustand?

Neue Werte zählen. Werte, die im Ahrtal aufgeschienen sind. Eine neue Weise, wie wir eigentlich leben wollen. Was zählt, und wofür es sich zu arbeiten und zu leben lohnt. *SolidAHRität* und *Zusammenhalten* sind die Überschriften dafür.

Eine Herausforderung für uns alle.
Auch als Kirche.
Für die in der Seelsorge.
Und für die Frauen und Männer, Kinder und Jugendlichen,
die den Weg Jesu zu den Menschen gehen wollen.
Heute. Und morgen!